2012年度教育部人文社会科学研究青年基金项目

"高等学校分类的方法论问题研究"（12YJC880037）资助

沈红 主编

高等教育管理研究系列丛书

高等学校
分类方法导论

雷家彬 ◎ 著

中国社会科学出版社

图书在版编目(CIP)数据

高等学校分类方法导论/雷家彬著.—北京:中国社会科学出版社,2016.6
(高等教育管理研究系列丛书)
ISBN 978-7-5161-7622-1

Ⅰ.①高…　Ⅱ.①雷…　Ⅲ.①高等学校—分类—研究—中国
Ⅳ.①G649.2

中国版本图书馆 CIP 数据核字(2016)第 032671 号

出　版　人	赵剑英
责任编辑	赵　丽
责任校对	石春梅
责任印制	王　超

出　　版	中国社会科学出版社
社　　址	北京鼓楼西大街甲 158 号
邮　　编	100720
网　　址	http://www.csspw.cn
发 行 部	010 - 84083685
门 市 部	010 - 84029450
经　　销	新华书店及其他书店

印　　刷	北京君升印刷有限公司
装　　订	廊坊市广阳区广增装订厂
版　　次	2016 年 6 月第 1 版
印　　次	2016 年 6 月第 1 次印刷

开　　本	710×1000　1/16
印　　张	13
插　　页	2
字　　数	220 千字
定　　价	49.00 元

总　序

　　几年前，华中科技大学出版社出版了两套我主编的丛书，分别是《21世纪高等教育管理研究丛书》和《21世纪教育经济研究丛书·学生贷款专题》。从这两套丛书的撰写、编辑、出版、发行的全过程中我领悟到，将同一研究领域（如"学术职业研究"），甚至是同一研究主题（如"大学教师发展"）的，由同一导师指导的多部博士学位论文集结起来，在高水平的学术出版社出版，至少有如下几大好处。第一，导师在为后续博士生选择研究方向和学位论文主题的过程中，除了重视博士生本人的研究兴趣和导师的科研项目之外，也会重视团队研究的持续效应，无论是博士生还是博士生导师，都希望在宽阔的研究平台上，团队可"攥紧拳头"、持续发展。第二，"新科"博士会具有良好但辛苦的学术职业起步期，学位论文答辩通过后的博士生不能有丝毫懈怠，马上进入论文改写、提升为专著的阶段，以专著作为学术职业的"敲门砖"，使第一步走稳走实。第三，团队整体和博士个体的学术影响力迅速增强。作为成套丛书，在出版社的学术声望上、在图书的出版质量和发行市场的影响力上，"丛书"比"单书"的份量更重。

　　我本人具有在华中科技大学跨学科求学的经历。本科专业是"77级"的机械制造工艺及设备自动化，获工学学士；硕士专业是高等教育管理，获教育学硕士；博士专业是管理科学与工程，获工学博士（1997年的"管理学"尚未从"工学"中分离）。我于1999年晋升为教授，2000年开始以博士生导师的身份独立招收博士研究生，到今年已有17个年头，共培养出各种类型的博士54人：从学术学位和专业学位分类来看，有哲学博士52人和专业博士2人；从学位和学历来看，有双证博士40人和单证博士14人；从国别来源看，有中国博士52人和非洲博士 2 人。由于我本人的知识结构和教学科研岗位跨两个学科，我在高等教育学专业、教育经济与管理专业招收博士生，这 54 个博士获得的学位在学科分类上分属于教育学和管理学，各约一半。跨在"高等教育学"和"教育经济与管理"这两个专业之间的是"高等教育经济与管理"。笔者指导的所有当前博士生（学术型 13 人，专业型 10 人，来华留学博士生 3 人）和已毕业的博士 54 人就是研究"高等教育经济与财政"和"高等教育与高等学校管理"的。在"高等教育经济与财政"领域，我们研究了高等学校学费及标准与支付、学费弹性问题，高校贫困生判定及资助、学业进步问题，高等教育学生贷款及贷出与回收问题，高校学生资助的财政效应、社会效应、政策效应与育人效应问题；我们还研究了地方政府在高等教育上的支出责任与财力保障间的匹配问题，生均培养成本与高校校均规模的适应问题，大学科研直接成本与间接成本问题，当代中国在校大学生的支出与消费问题，当代中国的文凭效应和"过度教育"以及大学生就业问题，等等。在"高等教育与高等学校管理"领域，我们研究了学术职业发展的内在逻辑和外在竞争力问题，当代学术职业人的学术成就与下一代学术职业接班人的培养问题（如博士生培养和博士生资助），还有学术职业发展的多国比较问题；我们还研究了大学教师的入职、流动、晋升、薪酬、评价以及发展目标问题；研究了高等学校分类发展的理论、实践及分类方法问题；研究了高等学校中的教学与科研的关系、管理与治理的关系、师与生参与大学治理的问题，等等。

很幸运地得到中国社会科学出版社的大力支持。我主编的《高等教育财政研究系列丛书》已基本出齐。《大学教师发展研究系列丛书》、《高等学校治理研究系列丛书》正在紧锣密鼓地准备之中。今天呈现在广大读者面前的是我主编的《高等教育管理研究系列丛书》中的一本。该丛书，由我指导的博士学位论文修改而成的专著、笔者为合作导师指导的博士后出站报告修改提升的专著、笔者指导的博士毕业后承担的重要科研项目结题报告修改升华的专著所构成。简单而言，这些书的作者都与笔者有着某种重要的学术联系或称之为"师生关系"。集结于本套丛书的多本专著，无论是哪种来源类型，都具有两个共性：一是原创性研究，二是主题都处在高等教育管理的范畴。

　　本套由中国社会科学出版社出版的《高等教育管理研究系列丛书》是经我认真挑选的、各位作者在其原创研究基础上精心改写、再次获得提高和更新的专著。今天，由我作为丛书主编来集结出版，是我专心指导博士生 17 年来的一大幸事，我当然要用心、用情来撰写此"总序"。我想借此机会，感谢我曾经指导的这 54 位已答辩、已毕业的博士们。作为导师，我感谢你们，正是因为你们的优秀、勤奋和创新给了我学术研究巨大的压力和动力，促使我永不停步！作为朋友，我感谢你们，正是因为你们时常的问候和关注、你们把"过去的"导师时时挂在心中的情感，给我的生活以超于常人的丰富意义！我虽然永远达不到"桃李满天下"，但毕竟有你们这些"桃子"和"李子"在各地散发的芬芳！我真真切切地为你们的每一点进步、每一寸成长而骄傲、而自豪！

　　我衷心感谢本套丛书中的每一位作者！感谢为我们的研究提供极好学术环境和工作条件的华中科技大学和华中科技大学教育科学研究院！感谢中国社会科学出版社给予的大力支持和每位责任编辑的辛勤工作！最后要感谢阅读我们的成果、理解我们追求的每一位读者！

2016 年 6 月 6 日

目　录

第一章　绪论

　　分类是人类认识客观世界的基本思维方法，对事物的感知和命名，都反映出个体的分类思维。高等学校的分类史可以追溯到中世纪大学诞生前后，纵观近现代，高等教育的发展史就是一部高等教育机构，特别是高等学校的类型演化史。在中国，高等学校分类是一个实践问题。在论者们不约而同地追求和构建"公认的""科学的"分类体系的同时，促成这些类型体系的方法却还"来不及"得到确证和应用，方法的缺位和失当无疑是中国高等学校分类者需要优先解决的一个前提性问题。

第一节　问题的提出与研究意义

　　高等学校分类者们往往不忘从理论和实践两方面归纳其研究的正当性。而在中国，该问题的提出往往基于"分类—定位"政策假设：稀缺的高等教育资源总是面临来自个体高等学校间"非理性的"定位实践的压力，高等学校分类体系的建立则有望为个体机构的办学活动和高等教育的资源分配方式提供某种参照系，进而实现高等教育功能和资源利用率的最大化，形成良好的高等教育发展秩序。本书正是笔者沿着对这一政策假设的追溯和反思而产生的结果。

一　问题的提出

　　高等学校分类的理由几乎随手可得，理论层面则主要源于高等教育认识论的需要。中世纪大学诞生以来，随着高等教育日益从社会边缘走向社会中心，高等教育的属性、功能、类型、形式的变化引发了学界对高等学校或大学本质属性的各种表述和重申。大学的功能并不限于教学科研范畴，而已成为"思想库""智囊团""人才基地""技术孵化器"和"社会的良心"。[①] 高等教育的组织形式也将冲破传统的大学围墙，科研院所、企业组织、社区甚至网络都有望成为高等教育的载体。大学的多样化呼唤新的组织分类法。

高等学校分类如果仅仅是一个理论问题，其中的难点主要在于分类标准的选择、指标体系的构建、数据的可得性等方面。在备受争议的大学排行榜的制定者看来，这些技术难题相对不是那么成问题。然而，高等学校分类经常被视为诸项实务的前提。人们批评大学排名表不是基于分类而是将所有的高等学校归在一起进行非对称的打分；人们在批评高等学校毕业生就业率低、个体机构定位失当时，认为是高等学校分类体系的缺位使然。随着20世纪末扩招以来高等教育大众化的迅猛推进，中国高等教育体系在宏观管理体制、微观运行机制方面都发生了巨大的变化，高等学校分类不仅触及到组织认识论的理论层面，而且越发深入地影响了如何重新调整高等教育功能、实现高等教育体系优化等这些实践活动。

事实上，高等学校分类从来都不是一元的理论问题。随着分类研究的大量涌现，中国高等学校分类研究与分类发展实践之间的鸿沟却一直无法得到填补。学界将高等学校分类分为两种类型，即描述性分类与规定性分类。[②] 高等学校分类研究最早源于建设中国特色社会主义高等教育体系的需要，通过分类指标体系设计指导高等学校分类发展的意图非常明确。这与国外尤其是美国卡内基式分类研究的初衷迥异。中国高等学校分类有着这样的操作假设：通过学术性的分类研究，建立较为完善的高等学校分类体系，配以拨款、评估、行政指导等分类管理手段，实现高等教育功能的最大化，提高高等教育资源的利用效率。

这只是一种富于理想的制度设计。实践层面，伴随宏观高等教育管理体制的变迁，以分类体系规制高等学校办学行为一直是中国高等教育发展的历史基因。新中国成立以来，中国每次高等教育改革都涉及高等

---

① 龚放：《试论现代大学的社会责任》，《北京大学教育评论》2008年第4期。
② 赵婷婷、汪乐乐：《高等学校为什么要分类以及怎样分类》，《北京大学教育评论》2008年第4期。

学校分类体系的设计，高等学校的发展从来都是在稳健的分类政策指导下实现的。从 1952 年的院系调整到《国家中长期教育改革和发展规划纲要（2010—2020 年)》，高等学校分类发展的教育政策导向贯穿其中，其差别只是政府干预的手段不同而已。但是，"211 工程"、"985 工程"等行政化、"圈层式的"分类法很难说是依据学术性的分类研究而得到的"定位标杆"，如何通过分类设计指导个体高等学校定位一直是个未解的多元方程。

理想与实践的脱离同样见诸高等学校分类研究的各种成果。中国学界关于高等学校分类的研究发轫于 1985 年《中共中央关于教育体制改革的决定》颁布前后，迄今已有 30 年历史。从对卡内基分类体系的介绍和模仿到对中国分类体系的设计，分类的研究成果不可谓不丰富。然而，论者依然认为"中国还没有建立公认的高等学校分类体系"。

为什么中国还不能形成"公认的"高等学校分类体系？现有高等学校的分类研究为什么仍不能指导高等学校的分类发展实践？曾最早对中国高等学校分类进行过系统定量研究的马陆亭也不得不改变其最初的分类设计，构造出高等学校学术性分类与操作性分类两套体系。是否可以这样说，作为分类理论研究与分类发展实践间的矛盾，未必仅是"数据的不可得，指标体系的不完善"、"分类名称的合理性"等[1]一些技术上的不足和缺陷造成。中国高等学校分类研究过于注重分类结果，一个值得引起重视的现象就是：分类研究的理论严重缺失，因分类方法失范而产生的是大量随意性或理想化的分类体系。[2] 许多研究并未处理好现实性分类与发展性分类、学术性分类与规划性分类（设置）的关系，或倾向于对中国现时高等学校类型进行描述，以至于将分类研究服务于分类实践的前提抛弃；或专注于发展性分类的设置，从而最多成为一种纯"理论式"的分类探讨，甚至"为分类而分类"。

总之，中国高等学校分类研究以分类有助于促进高等学校合理定位、进而实现高等教育体系优化为研究基点。然而，囿于分类方法的缺失，分类研究和实践间的鸿沟仍有待跨越。有鉴于此，本书以"高等学

---

[1]　宋中英、雷庆：《高等学校分类标准和类型名称探析》，《高教探索》2009 年第 6 期。

[2]　雷家彬：《国内高等学校分类研究述评》，《现代大学教育》2010 年第 5 期。

校分类方法研究"为选题，正是基于以"分类—定位"假设为主要特征的中国高等学校分类问题而提出的一项必要的尝试性研究。

二　研究意义

本书以分类方法作为切入点，通过透析中国高等学校分类理论和实践的困境，反思和构建组织分类法的方法，对于相关研究具有普遍的理论借鉴意义。同时，本书并不止于理论上的讨论，而是与高等教育结构调整的实际紧密联系起来，试图为组织分类管理和分类发展提供现实的实践构想。

本书的理论意义主要表现在对高等学校分类方法的拓展和对高等学校认识的深化两个方面。

其一，本书有助于丰富和完善高等学校分类研究的基本理论和方法体系。分类总是基于一定的认知假设和目的而进行的主观能动行为，因此它本质上属于认识论层面的研究主题，需要科学的理论和方法体系作为支撑，而这正是当前分类研究面临的困境所在，很少有研究对"为什么分类、如何分类"作细致的前提性分析，造成分类标准、方法、理论依据的选择，甚至分类结果都带有很大的随意性。因此，本书从中国高等学校分类研究的政策假设入手，在分析和综合各种成熟分类体系的基础上，总结高等学校分类研究的基本理论和方法，进而为相关研究提供有益的理论指引。

其二，本书有助于深化对高等教育、高等学校本质的认识。什么是大学，大学是什么？近千年来一直是高等教育界反复追问的根本问题。不同的时代背景下有着不同的高等教育观和组织形态，而每次这样的变迁和新大学理想出现前后，人们对高等教育精神迷失的担忧便会加剧。无论高等学校曾以或将以何种身份出现，主宰其类型演化的根本要素都难以改变。如果将分类作为认识事物的一种方法，那么，这种基于事物核心组织要素的视角介入无疑是必需的。本书在构建和应用分类方法时涉及对各种形态高等教育机构的划分，其中不可避免地应探析高等学校的这些内核要素。

实践层面，本书对于促进中国宏观层面系统结构优化、服务于个体机构的理性定位等具有重要的借鉴意义。

其一，本书对于中国高等教育宏观层次结构优化具有直接的现实启示意义。自20世纪末扩招以来，中国高等教育规模扩张与结构失衡同在。从层次上看，"985工程"、"211工程"尚未催生出中国的世界一流大学，精英与大众高等教育间未能形成有序竞争机制；从类型上看，组织同构现象不容忽视，传统单科院校在向综合化转型的过程中，固有学科优势和声誉被过度扩张的学科专业所消耗和稀释。本书凸显中国高等学校分类体系的建构方法，其研究指向就在于为高等教育系统的优化提供一个相对适切的分析框架。

其二，本书对于中国高等学校的定位选择具有重要的借鉴意义。高等学校定位与分类是两个不同层次的概念，定位的主体只能是高等学校自身，分类则不然。本书虽主要从宏观层面进行高等学校分类研究，而不涉及微观的高等学校定位问题，但分类体系对于个体机构定位实践的影响却也是显而易见的，能科学适切地反映不同类型高等学校结构功能差异的分类体系，都将为微观主体的办学行为提供一个明确的参照系。

当然，从分类方法出发，选择多种方法和视角综合研究高等学校分类问题，有助于增强中国高等教育系统的透明度，这对企业、社会、学生及其家庭认识和选择高等学校具有建设性的指导意义。

第二节　核心概念界定

与本书直接相关的核心概念是分类、高等学校分类和分类方法，以下分别对这些概念的内涵和外延进行简要说明。

一　分类

分类即分门别类，根据事物的特性分成各种门类。它包括两层意义：（1）归类的标准或依据，一般指被归类事物的共性；（2）类型的划分或归属判断，这种类型可以是先验的或后验的。类似的概念有"类型""分层"等。

首先，"分类"中的"类"不同于"类型""类别"。分类作为人类认识客观事物的工具，其科学性是随着人们的认识和判断水平的提升而增加，其主观性成份很难被摒除。而"类型"和"类别"分别指"不同的种类"和"具有共同特征的事物所形成的种类"。① 因此，特定类型和类别可以是事先就已得到人们的认可的，也可以是依"共同特征形成的"，与"分类"相比，"类型"和"类别"的"类"判断标准更加客观。进一步说，分类进程应是螺旋式上升的认识过程，它表征为人们思维不断地由主观类型向客观类型逼近的过程。

其次，"分类"不同于"分层"。表面上看，"分类"是对事物横向归类，而"分层"则是对事物的纵向划分，其实不然。广义上，"分类"与"分层"都是依据一定的标准，根据事物的特征或属性对其进行归类的方法，但"层次"意味着一种有序的等级差异，因此"分层"更强调被划分事物所存在的地位、性质的归属。"分层"是在肯定不同事物的共同类型上对其进行纵向划分，而"分类"则只考虑事物的差异性而不关注其层次的不同。从这个意义上看，"分层"是"分类"的子集，或者说"分层"只是强调"层次"差异的再"分类"或特殊的"分类"——当层次也成为区分事物标准时的"分类"。换言之，性质不同的或不具可比性的事物不能被"分层"，但却可以被"分类"。

二　高等学校分类

高等学校主要是指全日制普通高等学校，"高等学校"在本书中简称"高校"；大学与学院、职业院校虽是不同层次类型的高等学校，但在特定的语境下，大学可以与高等教育等同，可被用以指称所有的高等学校，如中世纪大学。

高等学校分类，即对高等学校进行分类。具体来说，是指高等学校或其利益相关者在一定的目的指引下，根据高等学校的特征，选择特定的标准对其进行归类。其特征或内涵如下：

其一，分类主体的多元性。分类是人类认识事物的方法之一，高等学校的利益相关者都会从不同的视角认识高等学校，他们对其各种性质

---

① 类别与类型近义，前者指"不同的种类""按种类的不同而做出的区别"；后者指"具有共同特征的事物所形成的种类"。见中国社会科学院语言研究所词典编辑室主编《现代汉语》，商务印书馆2005年版，第827页。

和属性的判断本质上就是一种分类活动。甚至高等学校往往也会与相关高等教育机构进行比较、类比，进而形成不同的高等学校类型观。

其二，分类的目的性。分类总是在一定的目标指引下进行的主观判断，政府基于管理目的，企业和行业组织为了便于与个体机构合作，不同高等学校和科研院所为了竞争、合作的需要，研究者出于认识高等学校目的，学生和家长可能是方便就学选择的需要，都会形成院校分类法。

其三，分类标准的选择性。不同的分类者出于特定的目的，他们确定高等学校特征时总是有所取舍。然而，分类标准的选择总应基于高等学校的本质属性，只有这样的分类法才具有实践价值。

与之关系紧密的一个概念是高等学校分层。一般认为，高等学校的层次就是其在高等教育体系中的等级。高等学校分层是一种特定价值和等级判断，是对同类机构的地位划分，可将其等同于高等学校评价的特例，当这种评价足够精细以至于每个机构都代表一种层次时，高等学校排名表便出现了。高等学校分层与高等学校分类既有联系也有区别。分层总是以同类高等学校为对象，不同类型的机构原则上不能作为一个整体被分层；即分类是分层的前提，分层是对高等学校的二次分类。两者的差异亦十分明显，高等学校分层一般带有选择性的价值判断，高等学校分类则以描述为主。

三 分类方法

一般来说，方法在希腊文中初指"遵循某一道路"，后来指"为了一定的目的而必须按照一定的顺序采取的步骤"。而在中国，方法古指量度方形的法则，现指为达到某种目的而采取的途径、步骤、手段等。在科学研究中，方法又常被理解为科学方法。"科学方法是认识自然或获得科学知识的程序或过程；它既意谓特定的科学门类所使用的或对其来说恰当的探究的程序、途径、手段、技巧或模式，通常在步骤上是比较系统的、有序的、合乎逻辑的和有效的排列；它又意谓处理科学探究的原则和技巧的学科，大体相当于'科学方法论'。"[①] 研究方法的内容

---

① 朱红文：《社会科学方法》，科学出版社 2002 年版，"总序"。

十分丰富，应该是分层次的。有一种观点"根据其抽象的程度和涵盖的范围"将研究方法划分为三个层次：（1）哲学方法，如马克思主义唯物辩证法；（2）一般科学方法，它是一种具有一定概括度和适用范围的研究方法，具有跨学科的性质；（3）专门科学方法，即具体方法和技术。①

在本书中，"分类方法"即分类问题的研究方法或研究范式。具体来说，它包括三个层次：（1）方法论层面，它是指导分类研究的思想体系，是经对分类研究所涉基本理论问题的元研究后提炼的研究逻辑和思路，涉及研究视角、对分类研究性质的认识、研究假设、分类规则和程序等；（2）一般研究方法层面，它与研究类型有关，如通常所说的经验研究（包括量化研究和质性研究的实证研究）和非经验研究（思辨研究或所谓的定性研究）所用到的研究方法；（3）具体方法和技术层面，即分类的方法，包含划分时所用的聚类工具、分类标准和操作技术。

相应地，"高等学校分类方法"应该是一个整体的方法范畴，是对指导分类活动的研究理路或指导思想、研究设计和具体分类技术的统称。要强调的是，本书中的高等学校分类方法更为关注的是方法的中观层面，即一般研究方法。它不是普遍意义上指导分类活动的认识论哲学，也不是技术层面的分类活动所用到的分类方法、分类标准或聚类技术。而通常所说的分类方法，或可称为"分类法"、分类标准和分类结果，如卡内基高等教育机构分类法，显然是位于"分类方法"的具体方法和技术层面，是一种技术层面的分类方法。因此，为将两者区别开来，本书将后者即通常所说的分类方法称为"分类法"，它具有分类结果和分类标准或分类技术方面的含义。

第三节　文献综述

高等学校分类涉及的层面相当广泛，文献综述主要以分类研究的专

---

① 乌志辉：《现代高等教育管理研究方法的发展趋势及有关方法论问题》，《上海高教研究》1990 年第 4 期。

著、学位论文和期刊论文为主，具体从以下几个方面进行研究。

一　全面集中的分类研究

王保华的《高等学校设置理论与实践》是笔者所知的最早的集中涉及高等学校分类研究的专著。该书分上、中、下三篇，从理论上厘清了高等学校设置问题，回顾总结了中国高等学校设置的经验与问题，并对中国 21 世纪的高等学校设置作了前瞻性分析，介绍了主要国家高等学校设置情况及相关法规。[①] 高等学校分类与设置毕竟是两个不同的概念，该书主要从政府的角度分析高等教育的层次、结构和资源配置等宏观管理问题，并未具体研究个体高等学校的分类问题。因此，它应该属于高等学校分类的政策研究。

周长春在其专著《高校分类分层标准的探索》中最早把中国的高等学校分类与高等学校定位问题联系起来进行研究，他以系统论、普通逻辑学、教育结构学和高等教育结构学的相关理论作为分类研究的理论依据，对高等学校类型和层次的关系及各种观点进行探讨。作者具体研究了高等学校定位问题，依据学术水平、软件与硬件，综合这些依据划分各类机构，并从多个方向对这些层类的高等学校进行定性和定量的标准设定。[②] 该书侧重研究"分层标准"，故并未涉及分类管理问题，可见其分层分类的目的是构建服务于高等学校定位的标准层级体系，从而具有高等学校设置研究的色彩。

陈厚丰在《中国高等学校分类与定位问题研究》中也试图将分类与定位关联起来。他通过借鉴国内外分类方法、剖析高等教育职能分化与高等学校定位的成功个案，构建了一个更加精细和复杂的分类体系。他依次以办学经费来源和办学导向、高等学校三大社会职能、学科（专业）覆盖面为依据分类，得到 12 种高等学校类型；再依招生和服务面向将高等学校分为全国性、区域性和社区性 3 个层次，这样经类型和层次两个维度的组合得出包含 108 种类型和层次的分类体系。最后提出了

---

① 参见王保华《高等学校设置理论与实践》，华中师范大学出版社 2000 年版。
② 周长春：《高等学校分类分层标准的探索》，研究出版社 2002 年版。

引导机构分类办学、合理定位的政策和策略。[①] 尽管该书所构建的只是一个"理论划分",但其分类思路和操作步骤、分类结果对于分类研究的扩展具有一定的启示意义。

马陆亭的《高等学校的分层与管理》中提到这样一个观点,"分类是一种主观的划分,而结构则是一种客观的存在。"该书虽以"分层"命名,却力图以"层次结构"的研究来摆脱这种"主观的划分"。[②] 该研究最突出的特色在于运用了以博士学位授予数、科研经费数的集中度为标准的定量研究方法进行分类,这种创新不应因其部分地模仿卡内基分类法而被忽略。其次,非教育领域研究视角和分层理论的引入,也是该书的特色所在。在另一部专著《科学技术促进中的高等学校架构》中,作者的视野更加宽阔,将高等教育置于科技创新体系中,探讨教育与科技、高等学校与科技管理、一流大学与科技创新体系建设等宏观问题。[③]

浙江大学课题组编著的《中国高等学校的分类问题》在分析国内外典型分类法的基础上,围绕知识链构建了一个"教育/研究/职业"的U—ERO分类模型,依"国际教育标准分类"、学院研究/创业研究、《职业分类大典》和《国际标准职业分类》对中国高等学校进行定量分类及类型描述。[④]

专著和学位论文包含"定量"研究与"思辨"研究两大类。前者如杜瑛的《中国普通高等学校分类研究》,围绕"理论分析—国际比较—实践验证"的框架,综合运用其他分类法的 17 个标准对中国高等学校进行划分。[⑤] 再如,潘黎基于知识布局,根据学科专业的布局将辽宁普通高等学校分为综合性、多科性、专门性三种类型。[⑥] 他进一步依次从知识活动能力、学科结构深化了类似分类研究。[⑦] 曹赛先的研究则是传统的"思辨"型分类研究的典型。她通过对中外高等学校类型发展

---

① 陈厚丰:《中国高等学校分类与定位问题研究》,湖南大学出版社 2004 年版。
② 马陆亭:《高等学校的分层与管理》,广东教育出版社 2004 年版。
③ 马陆亭:《科学技术促进中的高等学校架构》,广东高等教育出版社 2006 年版。
④ 浙江大学课题组:《中国高等学校的分类问题》,高等教育出版社 2009 年版。
⑤ 杜瑛:《中国普通高等学校分类研究》,华东师范大学硕士学位论文,2004 年。
⑥ 潘黎:《基于知识布局的辽宁普通高校分类研究》,大连理工大学硕士学位论文,2007 年。
⑦ 潘黎:《基于知识活动能力的普通高校分类研究》,大连理工大学博士学位论文,2009 年。

的历史和比较研究，重点论述了分类的一些理论问题，并构建了一个多维动态分类框架。①

国外也有一些相关学位论文。如斯科勒·莱恩在其博士学位论文《基于课程的社区学院分类系统》中，基于对美国全国性的社区学院课程调研，依据课程特征和其与学院特征的联系，设计了一个新的社区学院分类系统。② 杰弗里·巴特科维奇的博士论文《高等教育组织结构分类的一项实证研究》通过对美国200所院校的调查，以便收集其6个结构维度上的信息：院校自治、集权化、功能分化、有效参与、程序规范和对组织配置的四项测量。另外，收集了23个描述性特征的数据，用以典型地描绘院校类型多样化的特征。③

二 国外比较研究

（一） 对国外个人和机构分类思想的研究

克拉克·克尔和马丁·特罗的分类思想对中国相关研究影响很大。克拉克·克尔对高等教育系统有过深入研究，其分类思想的认识框架是结构功能主义理论，分类思想的现实基础是高教扩展理论，分类思想的重心是能动增长与实质增长。④ 马丁·特罗以"地位的观点"研究高等教育分层现象。两者关注于高等教育结构调整和宏观层面的系统功能。

美国卡内基教学促进会的分类体系是中国学界研究的一个重点。相关研究显示，2005年的美国卡内基分类的变化比较大，如对以往美国高校分类标准单一性的突破、对分类层次的整合与分类指标的革新、对分类标准"盲区"的填补、对传统高校分类主体一元化和来源资料官方化的突破、对传统高校分类标准凝固性的突破等。⑤ 新修订

---

① 曹赛先：《高等学校分类的理论与实践》，华中科技大学博士学位论文，2004年。

② Schuyler Gwyer Lenn, *A Curriculum – Based Classification System for Community Colleges*, Diss, University of California, Los Angeles, 2000.

③ Jeffrey Paul Barkovich, *An Empirically Derived Taxonomy of Organizational Structures in Higher Education*, Diss, Virginia：University of Virginia, 1983.

④ 张丽：《浅析伯顿·克拉克的院校分类思想——兼论与中国高教结构模式的比较》，《比较教育研究》2004年第8期。

⑤ 郭洁：《2005年版卡内基高校分类标准解读》，《教育发展研究》2006年第5A期。

的卡内基分类法并非无懈可击，由于过于强调多样化和个性化，多元的分类模式令分类使用者无所适从，进而会降低新分类模式的被接受度和被认可度。另外，由于分类模式的多元，也出现了数据重复的现象。① 同时，卡内基分类法从 1970 年版单一的为研究者服务向为研究者、政策制定者、院校工作人员、学生和家长等多元主体服务转变，对于我们的启示是多方面的，至少"要倡导多元并存的大学分类系统，突出大学竞争力与特色的分类标准以及要正确看待排行、定位与分类的关系"。②

联合国教科文组织的"国际教育标准分类"是基于各国教育体系的全球性分类体系。相关比较研究主要关注三个方面：一是对高等教育分类体系进行介绍，如研究生教育分类体系③、社会服务体系④；二是以其高等教育体系指导中国高等学校分类；三是关注中国职业教育的属性划分。

（二）对国外高等教育体系、高等学校类型层次的研究

相关研究集中于西方发达国家，如美国、英国、意大利⑤、瑞士⑥、法国⑦、德国⑧等，总结这些国家高等教育体系结构特点后不难发现，高等学校总是存在层次上的差别。在高等教育系统优化的进程中，政府、市场和高校总是扮演着不可或缺的角色。总体而言，主要发达国家的大学体系具有以下特点：体系结构的多元化；大学是国家创新系统中的关键性主体；大学对技术进步作出了重要贡献，但与产业界仍然保持

---

① 刘宝存、李慧清：《2005 年卡内基高等学校分类法述评》，《比较教育研究》2006 年第 12 期。

② 宋懿琛：《对大学分类的思考——以美国卡内基高等教育机构分类为例》，《辽宁教育研究》2007 年第 12 期。

③ 张玉岩、张炜：《美国 2005 版卡内基研究生教育分类体系的变化及其影响分析》，《学位与研究生教育》2006 年第 8 期。

④ 张玉岩、隋春侠：《美国 2005 版卡内基高校社会服务选择性分类体系的内容与特点分析》，《比较教育研究》2008 年第 2 期。

⑤ 佛朝晖：《博洛尼亚进程中的意大利高等教育体系改革》，《外国教育研究》2008 年第 2 期。

⑥ 马陆亭：《瑞士高等教育的体系架构与特色分析》，《比较教育研究》2009 年第 7 期。

⑦ 苏宏达：《法国高等院校的分类和特点》，《世界胜育信息》2003 年第 1—2 期。

⑧ 潘黎、刘元芳、赫磊霍尔斯特：《德国建设"高等教育强国"之启示——德国高等教育机构的分层与分类》，《清华大学教育研究》2008 年第 4 期。

一定距离。①

以论者研究得比较多的美国为例。虽然高等教育管理权在州,但"政府在高校分层分类中的作用在二战以后更加明显",而"联邦政府对高等教育的干预在二战以后日渐加强,并且逐渐变得自觉",这给我们的启示是:加强政府对高校分层分类的宏观引导、政府要找准作用的支点、积极培育高校的自主机制、有条件地发展民间中介组织,形成与政府力量共筑科学规范的第三方力量等。② 多样化是美国高等教育的显著特点,"立法、认可、评价和市场",是促进美国高等教育系统有序发展的"潜在力量"。③

比较起来,"中美高等学校两国的分类都体现了'重学术'的价值取向,分类的标准都呈现出一元化的特点,各种分类理论中,按能级划分的层级分类最受人们关注。"但是,"中国的高等教育机构分类带有明显的行政性,分类的理论滞后于实践等方面",两国高等教育机构分类的差异集中体现了两国高等教育系统协调模式的差异。④ 这些结论可通过对比两国大学体系和分类研究得到。⑤

英国是另一个研究热点,相关研究主要关注于其高等教育体系和高等学校设置。英国高等教育体系具有比较鲜明的"年轮"特征,是"一元体制下的多元模式","20 世纪 90 年代以来的英国高等院校实际上是一个多元、多层次和多规格的分类结构,其院校分类和定位的多样化是在社会竞争中由学校自主办学形成的,不是政府的强制性行为"。⑥

---

① 邵一华、柏杰、彭志国:《发达国家大学体系主要特征及启示》,《中国软科学》2003 年第 2 期。

② 史秋衡、冯典:《美国政府在高校分层分类中的作用及启示》,《科学学与科学技术管理》2005 年第 9 期。

③ 沈红:《美国研究型大学形成与发展》,华中科技大学出版社 2004 年版,第 176 页。

④ 张宝蓉:《中美高等教育机构分类的异同与走向分析》,《复旦教育论坛》2003 年第 3 期。

⑤ 张振刚、杨建梅、司聚民:《中美高等教育机构分类、布局和规模的比较研究》,《清华大学教育研究》2002 年第 1 期;毛道伟、吴业春:《中美大学分类比较分析——以卡内基分类与武氏分类为例》,《国家教育行政学院学报》2008 年第 10 期。

⑥ 张建新:《走向多元——英国高校分类与定位的发展历程》,《比较教育研究》2005 年第 3 期。

三 与分类相关的管理问题

（一）高等教育评估

中国高等教育评估活动始于 20 世纪 80 年代。迄今为止，影响较大、持续时间较长的有官方的"普通高等学校本科教学工作水平评估"和"学位与研究生教育评估"、民间的各种"大学排行榜"等。对此，争议较大的是这些评估活动并未事先对评估对象进行科学分类，从而降低了评估体系的可比性。

如现行的"普通高等学校本科教学工作水平评估"的弊端有："评估方案单一，不利于分类指导；从评估指标体系看，指标体系框架基本相同，标准统一；从评估主体来看，评估主体单一"①。武书连的"中国大学评价"面对同样的质疑：重点大学与非重点大学"是否可以有效比较？怎样比较？"② 进一步说，"只有分类，还不够，还必须针对不同类型的学校来确定评价指标及其权重，这样才能保证评价指标体系的科学合理性。"③

中国民间的各类大学评价系统，如武书连的"中国大学评价"、邱均平的"2005 年中国大学评价报告"等都有自己的高等学校分类系统。这些都是分类评估的有益尝试。尽管如此，相关的分类体系也很难统一起来，这些按照传统的或事实的高等学校分类法，简易但缺乏科学性，至多作为评估服务的工具，仍未为社会和学界所认同就不足为奇了。

（二）高等学校定位

论者们常将高等学校分类与定位视为一对孪生问题。相关研究或将两者等同，如将高等教育定位视为一种高等学校分类，或者认为两者高度相关。

---

① 刘智运：《论中国高等教育评估制度的完善与发展——以本科教学工作水平评估为例》，《清华大学教育研究》2007 年第 3 期。

② 薛天祥、侯定凯：《大学评价应科学规范——对〈中国大学研究与发展成果评价〉和〈中国大学评价〉中若干问题的质疑》，《教育发展研究》1999 年第 2 期。

③ 刘承波：《大学排行必先分类——〈2003 中国大学评价〉引发的思考》，《中国高等教育》2003 年第 13—14 期。

理性定位是高校实现其价值的必然选择，何况高等学校不能也没有必要履行高等教育的所有职能，"一些可能专注于某一套职能，而其他则着重于另一套职能"。① 因此，高校办学层次的定位方式有两种：其一是由政府确定；其二是由学校通过自由竞争来确定。② 因此，不妨将"定位"与"分类"作为高等教育秩序生成的两种极端方式。

然而，在如何处理这两者的关系上，学界争论相当激烈：坚持自主定位的一方，认为从中国高等教育目前状况和经验来看，"强调分类无助于各高校办出特色""高校分类不具有指导高校定位的能力"。③ 坚持以分类加定位政策的"政策管制"的另一方，则认为分类对定位的作用表现在能有效地优化高等教育系统、最大限度地发挥高等教育的功能，这明显是要求将"自生秩序"与"分类引导"相结合的观点。④ 作为更全面的综合，社会广泛参与无疑也是高等教育秩序生成的重要力量。⑤ 当然，如此综合是必要的，但是却仍未有效回应这样的追问：中国当下高等教育秩序的生成更应突出哪种逻辑？

（三）高等教育资源配置

"分类"与"定位"间存在着必要的分类管理政策。从相关研究来看，资源配置与分类、定位最为相关。资源配置可以作为一种软措施，将高等学校定位导向其应有的类型。⑥ 同时，资源配置也可是一种非理性的行政行为，传统计划时代的"钦定式的"高等教育资源分配方式部分上促成了中国现实高等学校类型架构。"高等学校的办学层次不是由政府给定的，它必须由各所大学、学院通过自由竞争、自我约束、反复博弈来形成。"⑦ 这是否可以说，高等教育资源配置也应走向市场，仿效"美国式"或"英国式"的竞争模式运行？果真如此，那么"分

① Clark Kerr, *The Great Transformation in Higher Education*, State University of New York Press, 1991, p. 64.

② 吴镇柔等：《中华人民共和国研究生教育和学位制度史》，北京理工大学出版社2001年版，第180—258页。

③ 邓耀彩：《高校定位：自生秩序还是管制》，《高等教育研究》2006年第2期。

④ 陈厚丰：《高校定位：自生秩序与分类引导有机结合——兼与邓耀彩博士商榷》，《高等教育研究》2006年第6期。

⑤ 何超：《高校定位与高等教育系统秩序的形成》，《高等教育研究》2007年第2期。

⑥ 马陆亭：《中国高等学校分类的结构设计》，《北京大学教育评论》2005年第2期。

⑦ 金红梅：《论扩招背景下的高等学校分层次办学》，《高等教育研究》2005年第7期。

类"是"定位"失范的原因这种假设还是否成立呢？看来，在分类与定位、分类政策间仍有许多节点假设未得到验证。

以上说明，分类管理所涉的媒介和主体很多。实践层面，中国高等学校分类管理政策的实现程度，取决于政府与市场、个体高等学校三方在高等教育场域中角力的结果。

四　分类体系设计

（一）国外典型分类体系设计

卡内基教学促进会的分类法在美国甚至世界都有代表意义。自1973 年首次公布出版其分类标准和结果以来，伴随美国高等教育系统的不断发展和变化，卡内基基金会先后在 1976 年、1987 年、1994 年、2000 年、2005 年、2010 年发布了修订版本。最新的 2010 年版本的分类法继承了 2005 年版本的分类思路，即研制了一个包括 6 个"总括式"的分类体系：本科教学项目分类、研究生教学项目分类、招生特征分类、本科生特殊分类、规模与设置分类、基础分类。此外还包括一个选择性分类法，即社区参与分类，该部分数据由参与机构提供。这些不同维度的分类法为认识美国高等教育机构提供了不同的视角，使研究者能更为方便地对这些机构进行研究。[1] 卡内基分类法有其优势和不足。以2005 年为例，该分类法在解释大学生在校经历和收益时，其中一些新变量与学生的认知结果和参与关系紧密。[2] 有论者试图对卡内基分类法进行修正。如有论者基于对学生产出而非学生参与的测量进行分类，发现卡内基分类法与这种分类法间联系并不紧密。[3]

"国际教育标准分类"是联合国教科文组织于 1976 年根据 1958 年第十届大会通过的关于国际教育统计标准的建议而制定的。这个标准分

---

① Carnegie Classification of Institutions of Higher Education Center for Postsecondary Research, *About Carnegie Classification*（http：//classifications. carnegiefoundation. org/）.

② Alexander C. McCormick, Gary R. Pike, George D. Kuh, Pu – Shih Daniel Chen, "Comparing the Utility of the 2000 and 2005 Carnegie Classification Systems in Research on Students' College Experiences and Outcomes", *Research in Higher Education*, Vol. 50, No. 2, March 2009.

③ Braxton, J. M., Smart, J. C., and Thieke, W. S., Peer, "Groups Of Colleges and Universities Based on Student Outcomes", *Journal of College Student Development*, Vol. 32, No. 4, June 1991.

类和国际劳工局制定的"国际职业分类法"相似。但"国际教育标准分类"侧重于教育方面，"国际职业分类法"则侧重于人力使用方面。为应对自 1976 年以来各国教育情况发生的巨大变化，该组织于 1997 年对原有分类法进行了修订，在该分类法中，高等教育即第三级教育，按照学生是否取得更高级的研究文凭而被划分为两个阶段：第一阶段即第 5 层，不直接指向高级研究文凭，其理论教育的时间至少为 2 年，按教育导向可分为 5A（理论基础、实用技术）和 5B（职业导向）两类；第二阶段即第 6 层，直接指向高级研究文凭。[①]

鉴于教育系统的扩张和多样化程度的增加，教育分类问题再现，新版本"国际教育标准分类"的修订工作已于 2011 年完成。该版本的变化主要体现在两个方面。其一，反映了博洛尼亚进程给欧洲高等教育系统带来的重大变化，对高等教育层级进行了细分。该版本打破了前两个版本中"本/硕层级与博士层级"的两级高等教育分类框架，高等教育被细分为四个层级。其中高等教育第一阶段细分为 5、6、7 三级，第二阶段则被列为第 8 级。依次可归为短线高等课程、学士或等同课程、硕士或等同课程、博士或等同课程；其二，在前一版本基础上，新设"课程定向"和"理论累计时间"分类标准，对四个级别的高等教育及其子类进行划分。明确了高等教育的两个课程定向，依据课程属性的不同将职业课程与普通课程区分开，专业课程与学术课程区分开。在 5 级教育中分为普通型与职业型；在 6、7、8 级教育中分为学术型与专业型，并通过编码表示。[②]

由欧盟委员会发起和资助研制的欧盟高等教育机构分类法，是近来配合欧洲博洛尼亚进程和里斯本战略的一项重要分类项目，其结果是产生了一个"欧洲版本的"卡内基高等教育机构分类法 U – map。这个项目开始于 2004 年 12 月，它的目的在于研究欧洲高等教育机构类型设计的价值。其起点假设是：欧洲高等教育的实力在于其高等教育的多样性。U – map 通过教学、学生、科研、知识交换、地区参与、国际化导

---

① UNESCO, *International Standard Classification of Education ISCED* 1997 （http：//www. unesco. org/education/information/nfsunesco/doc/isced_ 1997. htm）.

② 曹燕南、张男星：《欧美高等教育的分类体系变迁及启示》，《大学（学术版）》2013 年第 11 期。

向 6 个维度共 23 个指标对欧洲所有高等教育机构进行分类,与卡内基分类法相比,该分类法更多的是依各个指标、根据各高等教育机构在具体指标上得分情况进行多维描述,其划分依据是具体指标上的"四分位点"。

除以上国际组织的分类法外,一些知名高等教育研究者的分类法也具有重要的启示意义。如伯顿·克拉克将美国高等教育系统划分为三层约五类校院机构:一为顶层,即研究性大学,其下又分为顶尖的研究性大学(104 所)、博士授予大学(109 所)两类;二为中层,即培养硕士及本科生的各类学院,其下又分为综合性大学和学院(595 所)、本科生学院或专业学院(572 所)两类;三为底层,即两年制社区学院(1367 所)。[①] 天野郁夫对日本高等学校分类有过系统研究。他认为研究功能的强弱与大小、大学的学科构成是分类时的两个主要指标。并以此将日本高等学校分为如下类型:研究型大学,大学院大学(doctorate granting 1 – D1 型)(包括综合性或多科性大学、医牙类单科大学和其他单科大学),准大学院大学(doctorate granting 2 – D2 型),硕士大学(master granting – M 型)(包括综合性或多科性大学和单科大学),学部大学(college – C 型)(包括多科性大学、女子大学、人文科学类单科大学、社会科学类单科大学和自然科学类大学)。[②] 同时,他又分别从一般属性、研究功能、教育功能、选拔功能等层面对不同大学群的特征作了具体说明,以此将全日本的高等学校进行归类。[③]

(二)中国典型分类体系归纳

1. "三分法"。如根据教育层次划分得到研究型大学、教学研究型大学、教学型(本科阶段)院校、教学型(专科阶段)院校[④],依高等教育发展阶段论划分得到精英型大学、大众型大学、精英—大众共存型大学[⑤],依本科专业有效覆盖的学科门类的数量划分得到综合性大学、

① 伯顿·克拉克:《高等教育系统——学术组织的跨国研究》,王承绪译,杭州大学出版社 1994 年版。
② 天野郁夫:《试论日本的大学分类》,《复旦教育论坛》2004 年第 5 期。
③ 天野郁夫:《高等教育的日本模式》,教育科学出版社 2006 年版,第 201—238 页。
④ 胡建华:《关于大学体系层次化的若干思考》,《清华大学教育研究》2003 年第 4 期。
⑤ 陈敏:《大众化视野中的高等学校分类》,《现代大学教育》2002 年第 1 期。

多科性大学、单科性大学①，依社会功能视角得到学术型高校、行业型高校和职业型高校。②

2. "四分法"。如习惯上的研究型大学、教学研究型大学、本科大学（学院）、专科学院③，依卡内基研究型大学分类标准划分得到世界知名大学、国内著名大学、学科/区域特色大学、一般大学④，按科研规模分类得到研究型高校、研究教学型高校、教学研究型高校、教学型高校。⑤

3. "五分法"。如按卡内基分类法得到研究型大学、博士型大学、硕士型大学、本科型大学/学院、专科/职业型院校。⑥

4. "六分法"。按高等学校的三大社会职能分类得到研究型大学、教学研究型大学、教学服务型大学、教学型本科院校、专科学校和高等职业学校。⑦

5. "七分法"。（1）按照习惯上院校分层得到"985 工程"9 所大学；（2）9 所大学之外约 50 余所"211 工程"大学；（3）教育部所属的其他全国性重点大学以及中央政府业务部门和各省（自治区、直辖市）重点支持的大学；（4）其他四年制本科大学和学院；（5）专科性普通高等学校和成人高等学校；（6）社会力量举办的其他高等学校；（7）高等教育自学考试系统。⑧

6. 多维分类法。通常按劳动力市场分割理论与学校能级理论⑨、科学知识与技术知识⑩等分类与分层相结合的方式得到院校类型矩阵。

---

① 张爱龙：《中国高等学校的一种分类法》，《中国高等教育》2001 年第 3—4 期。

② 刘澍、郭江惠：《现行高校分类模式：局限与超越》，《河北大学学报（哲学社会科学版）》2006 年第 4 期。

③ 王义遒：《多样化：中国高等教育大众化的关键》，《北京大学教育评论》2003 年第 4 期。

④ 杨林、刘念才：《中国研究型大学的分类与定位研究》，《高等教育研究》2008 年第 11 期。

⑤ 武书连：《再探大学分类》，《科学学与科学技术管理》2002 年第 10 期。

⑥ 刘少雪、刘念才：《中国普通高校的分类标准与分类管理》，《高等教育研究》2005 年第 7 期。

⑦ 刘献君：《建设教学服务型大学——兼论高等学校分类》，《教育研究》2007 年第 7 期。

⑧ 陈学飞：《高等教育系统的重构及其前景——1990 年代以来中国高等教育管理体制的改革》，《高等教育研究》2003 年第 4 期。

⑨ 马陆亭：《中国高等学校分类的结构设计》，《北京大学教育评论》2005 年第 2 期。

⑩ 肖化移：《试论高等教育分类及其质量标准的划界》，《高等教育研究》2005 年第 8 期。

五　分类目的与分类方法

（一）"为什么分类"

菲利普·G. 阿特巴赫曾经指出，"世界上大众化高等教育体系的一项核心特征是异质性。高等教育体系应该是一个服务于不同的顾客、拥有不同的目的、接获不同方式的补助、具有不同质量与成就水平的各类高等教育机构的集合体。"① 从高等教育的任何利益相关者的立场出发，几乎都能找到高等学校分类的正当理由——"有助于明确学校定位及整合学校资源，发展自己的特色，避免学校同构型太高，造成恶性竞争；有助于社会认同，使学校发展正常化；有助于形成多元教育分工体系，避免资源浪费；利于分类管理，并引进相同类型的合作联盟策略；有助于学生依自我性向选校，政府机构依高等学校的领域特色对其给予适当经费补助；有助于为高等教育的研究提供研究资料和研究依据。"② 甚至，宏观上高等学校科学分类、合理定位，也成为解决大学毕业生"知识失业"的有效措施。③

然而对分类的重要性的认识，国内外又有不同的侧重。一般而言，国外比较倾向于将分类作为认识高等学校、进而增进高等教育透明度的手段，约翰·隆巴底的看法有一定的代表性："好的大学分类法能为高等教育提供最佳服务的分类和排名，能够提供精确、明晰的资料信息，这些资料主要是关于在某些特定区域内学校的一些特殊的行为。这种区分不会告诉我们哪一所是最好的大学或学院，它们告诉我们在一种特别的环境中，每所学校的表现究竟如何。"④ 因而，分类体系往往最终成为排名等高等教育评估手段的前奏和依据，对高校而言，类型归属也反映了其在高等教育系统中的地位。

---

① Altbach, P. G., "Differentiation Requires Definition: The Need for Classification in Complex Academic Systems", *International Higher Education*, Vol. 26, No. winter, 2002.

② 杨国赐、王如哲：《中国高等教育分类的实证研究》，《教育整合与竞争力》，高雄复文图书出版社 2004 年版，第 211—250 页。

③ 章小梅：《从"知识失业"现象思考高等教育发展问题》，《学位与研究生教育》2005 年 4 期。

④ 约翰·隆巴底：《大学需要什么样的分类系统》，《科学时报·大学周刊》2002 年 12 月 5 日。

与此不同，中国高等学校分类者更多的是基于高等教育管理者的立场，进行宏观层面的高等教育政策和制度研究，"认为高等教育分类研究也许不仅是我们找到解决当今高等教育结构紊乱、功能弱化、目标趋同等难题突破口的路径之一，也是优化高等教育结构、拓展高等教育功能、创新高等教育制度的理性选择。"① 因而，高等学校分类与定位经常被视为一对"孪生"问题，类型设计被假定为高等学校定位的标杆、成为管理者调控高等教育系统的政策工具。

然而，对这样的分类观，论者们并不总持肯定态度，美国高等学校的多样化和趋同就是个体机构相互竞争的结果。营造个体高等学校"安于定位"的高等教育系统竞争秩序，或许以高等学校分类体系的建立为前提，但引导高等学校科学定位，首要和根本的"还是决定高等学校生存和发展的社会竞争机制和高等学校的办学自主权"。② 对此，有论者甚至走得更远，认为当前高等教育无序发展的原因有三：（1）"以规范代替制度"，怎样分类应不受管理体制的限制，而是通过需求形成一种自发的管理制度；（2）"用规划限制自由"，类型形成是自发的而不是政府决定的；（3）"用非理性化代替理性的价值取向"，高等学校层次、类型的定位往往是概念化和主观臆断。③

（二）"如何分类"

相关研究对高等学校分类主体的讨论并不多，若能保障数据的权威性和透明性，并能将分类目的与方法科学地统一起来，政府、社会中介组织、研究者、企业、学生家长等高等教育参与者都可成为分类者。而在中国，由于教育统计数据库建设相对滞后，外界很难全面了解高等教育的体系结构状况。因此，中国政府有多种理由承担起这一角色。如：政府机构负责全国高等教育政策的制定和规划，能比较充分地掌握高等教育事业的统计数据，能比较易于组织各方面力量联合

---

① 陈厚丰：《高等教育分类：势在必然还是多此一举——高等教育分类研究的背景和必要性探究》，《民办教育研究》2005年第6期。

② 冯向东：《高等学校定位：竞争中的抉择》，《北京大学教育评论》2004年第2期。

③ 张慧洁：《中国应该设置相应的专业类高校——高校设置与分层分类的思考》，《西北工业大学学报（社会科学版）》2003年第4期。

攻关，保证管理者、决策者、研究者的广泛参与。① 政府分类的优势和劣势都在于此，行政主导式的政府分类也会造成高校的自主意识淡薄、社会参与有限的现实。② 因此，如何构建一个更加民主多元的分类体系仍有待研究。

分类体系的合法性首先源于其科学性，分类方法的规范运用便显得尤为重要。而在中国，典型的分类法大多"按职能对高等学校进行分类"③，如果从方法论、理论视角和具体研究技术三个层次来定义研究方法，那么系统论或结构功能主义无疑是高等学校分类的方法论。同时，高等教育的"固有"理论（如高等教育的"三大功能"和大众化理论）、外部的资源有效配置理论和范围经济理论，都可为其理论基础。④ 底层的研究技术有相关分析、因子分析等统计分析方法。⑤ 高等学校分类并没有普适性的方法，方法的选择主要取决于分类的目的。

在前文对分类体系的综述可见，许多分类体系源于论者们的主观臆断和对国外分类法的简单借鉴，分类方法的失当无疑是相关研究的软肋。分类依据方面，中国高等学校分类尽管划分标准众多，但多缺乏公信力。依高等教育功能进行的分类得到了多数论者的认同，国外有论者也指出大学分类可有两种做法：依功能分类与依任务分类。⑥ 目前中国高校分类的实践通常以人才培养和科学研究职能为分类标准，却忽视社会服务职能。⑦ 人才培养是高等学校最基本的职能，理论上，"高校分类所依据的主要标准应该是人才的培养类型而不只是科研规模的大小、管理体制或办学形式"。⑧ 然而，人才培养较科学研究却更难被测量。

---

① 王怀宇：《中国高等教育分类的几个现实问题》，《北京教育》2005年第3期。

② 康宏：《中国高等教育分类的系统思考》，《大学·研究与评价》2007年第4期。

③ 安心：《大学分类制度——影响大学发展的一个重要瓶颈》，《国家教育行政学院学报》2005年第4期。

④ 马陆亭、冯厚植、邱苑华：《关于普通高等学校分类问题的思考》，《上海高教研究》1996年第6期。

⑤ 杜瑛、戚业国：《高等学校分类的历史与比较研究》，《江苏高教》2005年第3期。

⑥ 参见侯永琪、陈乐群《美国高等教育机构定位功能之研究——卡内基高等教育机构分类表》，《教育研究月刊（台湾）》2002年第11期。

⑦ 张维红：《中国高校分类标准中社会服务职能的缺失》，《大学教育科学》2009年第2期。

⑧ 潘懋元、董立平：《关于高等学校分类、定位、特色发展的探讨》，《教育研究》2009年第2期。

突出科学研究的分类设计操作性固然强，却更容易成为高等学校分层或排名批判者的靶子。

实际上，分类往往与高等教育的多样性相连。在美国，研究者在测量高等学校的多样性时，绝大多数研究已经侧重于依控制、规模、选择性、市场特征等标准，也有依学生和学位课程的产出来衡量，而不仅是高等教育的功能。① 高等学校分类依据的确定同时也应遵循一定的原则。如有论者提到：划分后的子项外延之和必须等于母项的外延；划分的依据必须一致；划分后的子项间应相互排斥而不能相互兼容；划分应逐级进行而不能"越级"划分。② 再如，应着眼于从输入的视角来设计高校分类指标，运用多元分类的视角来设计高校分类指标，高校分类体系应具有开放性、弹性和互动性。③

六 研究述评

以上只是有代表性地列举了相对集中的分类研究论著，该主题在高等学校定位、高等教育系统和体系结构、高等教育规划等领域的研究中也有所涉及。中国高等学校分类研究自 20 世纪 80 年代以来已有 30 年历史，研究高峰期出现在 2002—2005 年间，相关研究近来呈现出以下特点：（1）倾向于"因地制宜"的分类体系设计。早期研究多集中于国外比较领域，引介国外分类法的痕迹比较明显，而当前许多研究更多地将视线集中于本土的高等教育体系，试图从多角度揭示中国高等学校的类型特征。（2）研究方法不断成熟。早期分类研究多以"思辨"方法为主，分类方法的运用不尽规范，分类体系设计较为随意、主观化。随着研究内容的深化，基于多种视角、综合运用经验研究方法（实证研究法）和思辨方法的分类研究逐渐增多。（3）研究主题不断丰富和深入。尽管分类体系设计和分类比较研究仍是当前中国分类者的研究热点，但学界对分类与定位和评估等分类管

---

① Aorphew, Christopher C., "'Healthy & Expanding?' An Empirical Analysis of Academic Drift in the Doctorate Sector", *Paper for 38th Annual Forum of the Association for Institutional Research*, MN: Minneapolis, 1998, p. 7.

② 肖化移：《试论高等教育分类及其质量标准的划界》，《高等教育研究》2005 年第 8 期。

③ 陈厚丰：《中国高校分类标准及指标体系设计》，《高等教育研究》2008 年第 6 期。

理政策的关系、高等学校分类研究与高等教育结构研究的关系等基本理论问题的讨论愈来愈深入和激烈。

尽管如此，现有典型研究并非无懈可击，其不足之处主要反映在如下几个方面：

首先，分类的理论研究严重匮乏，分类体系设计的经验性色彩过浓。分类理论是认识和划分高等学校的理论支撑和依据，而分类研究方法（即分类方法）则包括分类的视角、分类的方法（操作性的分类技术）等，理论和方法的选择都应服务于不同的分类目的。然而，相关论著虽有明确的分类目的，但却缺乏科学的、适切的分类理论，分类的方法、研究方法的使用往往带有一定的随意性，造成分类体系设计大多是一种"常识性"的判断。

其次，研究内容泛化，将国家层面的高等学校设置与学理层面的高等学校分类研究混同的现象非常严重。如对非英语国家的分类研究的介绍，基本如此。一些论著表现出单论"分类设计"或"分类设计""分类管理"并重两种倾向。前者更多的是一种分类操作研究，而后者则过多地偏向分类管理问题。同时，高等学校分类、定位和设置尽管是三个联系紧密的概念，但并不等同。一些研究不仅过多地关注宏观的高等学校设置问题，且在比较研究中高等学校分类经常被置换为高等教育体系和结构研究。这些现象的原因和正当性值得我们反思。

最后，分类的比较研究相对匮乏，而且质量堪忧，不加取舍地照搬国外分类法的做法较为常见。绝大多数研究集中在对美国、联合国教科文组织分类法的引介，大多是对二手材料的再加工形成的研究，造成观点大多雷同，套用中国实际和"分类—定位"假设的前提进行研究的现象并不少见。几乎所有研究的问题提出都是以优化高等教育体系、"纠正"高等学校非理性定位为出发点，那么，国外高等学校分类体系设计是否以这样的"分类观"为基点？事实上，以上分类法各有不同的价值取向和研究目的，并不能直接为我所用。如果分类指导定位的逻辑合理，国外分类体系至少无法有效地引导中国高等教育系统的优化。

一般而言，分类研究的突破点来自两个方面——分类方法和分类结果。前者或可用一种主导的分类方法统领其他方法，或是统合各种分类方法，力图找到一种混合的分类方法；后者主要是指对分类结果进行科学和完备的解释。① 针对现有研究的经验和不足，本书则侧重于对中国高等学校分类方法进行研究。

第四节 研究内容与方法

一 研究内容

其一，高等学校分类的目的何在？可借鉴的基本方法、研究路径与理论有哪些？如前所述，已有研究大多停留在分类法的引介层面，研究方法和理论的缺乏是分类研究难以得到突破的根本原因。因此，本书将根据不同的分类目的，系统梳理现有分类研究，归纳高等教育分类的基本理论，并从方法论、分类原则、研究路径等层面总结适切的研究方法。这可作为本书的研究指引。

其二，与国外相比，中国高等学校分类的难点何在？如何破解？文献分析的结果表明，高等学校分类法在不同的时空里有着不同的价值追求，国外典型高等学校分类体系的存在至少说明分类问题是否可被谓为"世界性难题"仍有待深究。只有明确了研究对象，我们才能提出相应的破解框架。

围绕以上两大问题，本书将从高等学校分类研究的类型和方法入手，依照"反思→批判→建构→再反思"的研究理路进行研究。首先，在问题提出和文献综述后，本书将对高等学校分类研究进行反思，总结分类研究中的基本方法、所涉理论和研究路径；其次，在回溯中国高等学校分类发展实践的基础上，对现有相关研究中的问题进行批判，探究分类研究的特质；再次，基于以上分析提出一个解决中国高等学校分类问题的"理想分类法"，即理想类型构建、现实描述和规划设置的破解框架，以此逐步对分类体系进行研究；最后，对"分类—定位"政策假设的价值取向和以上"理想分类法"进行理论再反思，并就高等学校分类发展的实践提出制度和政策建议。全书框架如图 1-1 所示。

---

① Melody Y. Kiang, "A Comparative Assessment of Classification Methods", *Decision Support Systems*, No. 35, 2003.

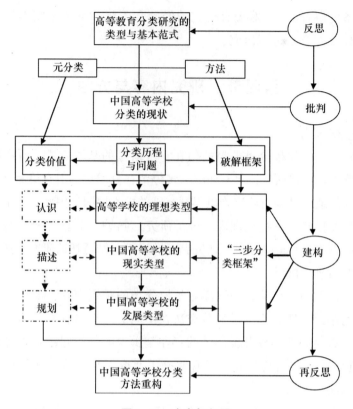

图 1 - 1　本书框架图

二　研究方法

（一）哲学方法

哲学方法具有方法论层面的涵义，它是指研究范式、路径。笔者在本书中坚持实用主义的方法论。这是因为世界高等教育发展具有一定的普遍性规律（如高等教育发展的阶段论），各种类型的高等学校都有其存在的合理性。但由于各国高等教育结构和管理体制上的差异，这种规律不能被绝对化。笔者将以解释主义的视角总结高等学校分类的基本理论及其演化的规律，在此基础上对中国现实高等学校类型的划分则坚持一种实证主义的观点，以此对预测性的类型划分提供实践依据。

（二）一般科学方法

根据具体研究的需要，本书所采用的方法主要有：理想类型法、历史研究法、个案研究法等。

理想类型法是马克斯·韦伯所倡导的一种社会研究方法。作为"片面的深刻"的"理想类型"是抽取事物少数有代表性的特征用以认识事物的原型，可将其理解为一种源于现实、超越现实、可借诸认识现实的"乌托邦"。为认识职能多样、结构复杂的高等学校的特征，笔者试图系统归纳和抽取高等学校的基本结构特征，构建其理想类型，以此作为检视中国现实高等学校分类体系的坐标。

在构建高等学校理想类型的过程中，需要运用历史研究法对中国高等学校分类现实问题进行纵向梳理，以明晰机构类型体系的演化逻辑。同时也需要对国外高等学校类型体系进行比较分析，这样方能进一步把握普遍的高等学校的独特性质和文化意义。

高等学校理想类型毕竟只是被"极端化"的高等教育体系的组成要素，只能为中国高等学校的现实类型描述提供抽象意义上的参照系，或者说，这种方法并不能被当作一种技术上的分类方法来使用。这就需要运用个案研究法对中国高等学校进行具体划分。考虑到数据的可得性和取样的代表性，笔者将选择湖北省普通高等学校作分类的案例剖析。

（三）具体研究技术

在以上哲学方法和一般研究方法指引下，文献分析法、聚类分析、因子分析等经典分类技术也是本书中不可或缺的具体方法和技术。

第二章 高等学校分类研究的 类型与基本范式

作为一门系统科学，分类学最早诞生于生物学领域，分类的目的源于对纷繁复杂的生物物种的认识和研究的需要。随着 20 世纪六七十年代以来新兴、边缘学科的发展，传统生物分类学的方法更为广泛地渗入到其他科学之中，成为新兴社会学科的重要研究工具。若以学科和研究领域的标尺来看待当前中国的高等学校分类研究，恐怕我们很难找到分类学的影子，当前相关研究鲜有完备的研究路径。因此，有必要系统归纳高等学校分类研究的类型与基本范式，探索相关研究的价值、方法、研究对象和理论，这将为分类研究提供某些方法参照。

第一节 作为系统科学的分类学

分类学有广义和狭义之分。广义的分类学即系统学，它不仅研究如何划分、命名精神和物质世界，而且也旨在发掘其中不同事物间的类型、结构与内外界系统的关系。狭义的分类学仅限于生物学领域，是关于生物分类、鉴定和命名的原理和方法的学科。[①] 本书此处所指即为前者的定义。

一 分类问题的缘起

我们需要分类吗？许多学科或研究领域每当出现分类问题时，都会有人提出这样的疑问。要回答这个问题，首先需要明确什么是分类。用

---

① 全国科学技术名词审定委员会：《分类学》（http://www.term.gov.cn/index.jsp）。

爱弥尔·涂尔干和马塞尔·莫斯的话来说，所谓分类，是指人们把事物、事件以及有关世界的事实划分成类和种，使之各有归属，并确定它们的包含关系或排斥关系的过程。① 简单地说，分类就是依事物的属性对其进行划分的过程和结果。

然而，在更多情况下，分类的起因和目的并不是为了划分。如果事物仅有一种形态，人类无须对其进行划分就能认识它们。分类不单纯是一个如何划分、命名事物的问题，而是为了建立可供比较的事物的概念范畴系统。如同"割下来的手不再是手"一样，正是在这种系统中，事物才具有了特定的区分意义和结构性特征，只有从系统结构上看待事物间的类型和特征差异，分类活动才具有实践意义。

以上对分类概念的分析表明，分类活动是人类思维活动的组成部分，满足了人类认识事物的客观需要，是形成事物范畴系统的过程和结果的统一。

首先，分类是人类一种先赋性的思维能力和方式。心理学研究成果告诉我们，人类认识事物具有多维视野和丰富的层次性，认识过程和形成概念的过程本身就是在分类思维的作用下完成的，由此产生了不同的分类方式。分类是人类与生俱有的一种本能，当人类的感觉器官和神经感知到不同的色彩、味道、形状、温度、触压时，当各种不同的感情和心理冲动由大脑向局部神经末梢传动时，都透射出人脑对不同类事物的主观能动反应。逻辑学家甚至还有心理学家，都将其视为简单的、先天的东西，或者至少是仅凭个体自身的力量就能够构成的能力。② 因此，这种思维方式和能力是无意识的，人类对不同事物类型的判断超越了语言所能表达的范畴。

其次，分类源于人类认识和驾驭事物的需要。分类体系实际上是在客观世界和使用者间搭建了一座桥梁，凭借这些类型体系，人类得以正确认识世界，促成理论思维与实践思维的统一。同时，分类体系对于人类生活的重要性也随着知识与信息的积累而不断提高。分类的原始意义

---

① ［法］爱弥尔·涂尔干、马塞尔·莫斯：《原始分类》，汲喆译，上海世纪出版集团2005 年版，第 2 页。

② 同上。

是对事物进行简单分组，混沌世界的人类将世界分为天地人三类，他们凭借实践经验就能应对生存的基本需要。然而，随着对客观世界认识的深入和人类抽象思维能力的扩展，知识总量在不断增长，事物间的关联变得日益复杂多样，对事物的分组数量越来越多，这需要人们在分类工具、方式和思维方式上有所创新，这反过来加大了人们对分类体系的依赖程度。

最后，分类是过程也是目的。"分类"可作动词使用，即指将客观事物划归到相应的范畴系统中的过程。这样的分类观在承认事物间联系的同时，强调根据事物的自然属性将其条理化，在动态系统中考察它们的结构和形态变化规律。作为名词时，"分类"即为对事物归类后的静态的范畴系统，它由不同类型和种属概念组成，各种事物都在其中找到其确定的坐标，我们可以通过这些分类网架对事物作进一步的动态划分。由此可见，分类的这两种意义有不同的适用范围，不能将其混为一谈，但也不能因此而将两者完全割离开来，分类总是一个反复地对现有事物进行划分、形成范畴系统、再划分的循环过程。

总之，可以以一种发展的观念去实施分类方法，在研究初始阶段分类可以作为发现、分析和推理的解释工具，一旦概念成型、关系确定，分类就可以用来表征未知对象，并在交流、解释比较和推理中发挥作用。[1] 分类对于人类的认识活动非常重要，早期的中西方思维组织历史中对此都有所涉及。西方最早开始于柏拉图的《理想国》，结束于19世纪晚期的分类，包含人类对全部客观事物和全部观念的分类，其中包括亚里士多德、芝诺（Zeno）、普林尼（Pliny）和波菲利（Porphyry）、皮尔生（Karl Pearson）和巴塞尔（E. Bartherl）等人的分类系统。[2] 中国在两千多年前就开始出现了比较系统的分类体系，如《诗经》、《七略》和《四库全书》等文献和图书资料分类体系，《本草纲目》更是建立了比较系统的药物分类法。

二 经典分类学的形成与发展

人类对事物进行系统分类的历史源远流长，古代分类学萌生的标志

---

① 施国良：《网络信息分类——原理与应用》，科学出版社 2008 年版，第 42 页。
② 同上书，第 38 页。

亦很难考证，但对生物的分类无疑是分类学观照的源初领域。以此形成的真正的近代分类学，也即狭义的、经典分类学，则以 18 世纪瑞典植物学家林奈为奠基人。经过两百余年的发展，经典分类学已经历了三个时代：林奈时代、达尔文时代和现代。三个时代都以当时的物种概念为时代标志：林奈时代的概念是"物种不变"，达尔文时代的概念是"物种演变"，现代的概念是"物种又变又不变"。①

"前林奈时代"的古代人类就尝试给生物命名和分类。如汉初的《尔雅》把动物分为虫、鱼、鸟、兽四类，亚里士多德则根据性状对比的方法区分动物为热血动物和冷血动物，此后也有不少科学家对动植物的分类作了系统归纳。林奈是这些生物分类体系的集大成者，其代表性著作《植物种志》（1753 年）和《自然系统》（1758 年）的出版标志着近代生物学的诞生。林奈分类学的中心思想是物种不变，因而他认为物种是"形态同一和杂交不育"，其分类特征则是采取共性与特性的一般化对比方法，物种之间没有亲缘关系。林奈建立了以"属名＋种名"的生物双名制系统，创造性地将生物划分为植物、动物两界，界下又设有纲、目、属、种四个级别，从而确立了生物分类的阶元系统。

林奈的生物物种不变的观点在某些方面也存在着自相矛盾之处，如他将人属并为灵长目，并将其置于动物界的最高级，在某种程度上承认了生物种群的等级，说明物种并非一成不变的，而是存在低级到高级的演化过程。晚年的林奈和其他一些生物学家也在物种变与不变两种观点之间徘徊。达尔文自 19 世纪 30 年代开始，经过近 30 年研究，发现并系统论证了生物种群间的因繁殖过剩、生存空间和食物受限而引发的"为生存而斗争"的现象，明确了生物间的亲缘关系和进化演化规律，其 1859 年出版的《物种起源》一书将经典分类学引入"物种演变"的达尔文时代。

进入 20 世纪 60 年代，随着现代遗传学、电子信息技术等新学科和研究工具的出现，经典分类学呈现出百家争鸣的发展局面。现代分类学认为"物种又变又不变"，各派在居群组成、生殖隔离、宗谱分支和生

---

① 陈世骧：《进行论与分类学（第二版）》，科学出版社 1987 年版，第 63—66 页。

演习性等四个方面的观点很难取得一致，特别是对特征分析所采取的原则和方法上的差异明显。尽管如此，各派所作出的分类系统还是存在共性，这就是分类学的综合的系统性。一般来说，生物的分类系统具有以下两种作用：一是作为信息存取系统，通过对生物的分类了解该生物的所有信息，从而具有一定的预见作用；二是作为历史总结系统，客观地反映物种的进化历史。

一般认为，现代分类学可分为三大学派：一是数量分类学，也称表征分类学、数量表征学、数学分类学和分类度量学等；二是分支分类学，也称系统发育系统学、分支学、支序分类学、支序学等；三是进化分类学，也称演化分类学、综合分类学、折中分类学等。[①]

从方法论层面来看，三大学派的差异比较明显：（1）数量分类学具有经验论和唯名论特点。分类结果往往依赖于分类性状的数量，是以表征相似性为基础来进行分类的；该学派认为，只有有机体的个体是客观存在的，所有的类群组成和等级系统都是人类主观意识的产物，是不存在的。（2）分支分类学的哲学基础则较为复杂和稳定。该学派认为类群的系统发育形式是可知的，并可用假说—演绎法进行检验。其实践操作方法可称为排除归纳法，即建立系统的可能性，然后依某一标准来保留一种可能性而将其余的可能性全部排除。（3）进化分类学则以达尔文进化论为理论基础。如它强调生物分类与非生物分类的特殊性，主张应区分种群和表现的渐进性、突变性及其相互关系等。它根据现代综合进化论，通过类群相异性比较来推断类群间的亲缘关系和进化历史，以此作为分类的基础。其基本方法是达尔文的假设—演绎法，即不断利用新发现的分类群和性状资料，对先前假设的分类系统进行修正，循环反复使分类系统趋近于实际的进化状况。[②]

分类学没有最好的方法，只有最合适的方法。如表2－1所示，从分类过程和分类结果来看三大分类学派都有自己的特点，总体而言，数量分类学可重复性、稳定性和可检验性表现最好；分支分类学整体表现

---

① 钟杨、李传、黄德世：《分支分类的理论与方法》，科学出版社1994年版，第40—41页。

② 同上书，第44—47页。

一般，但具有很高的可检验性；而进化分类学则在效率和对进化的反映上优于其他学派。正是由于三大学派存在着各自的优势和缺陷，不同分类学派方法的综合便成为经典分类学进一步发展的基石。如迈耶（Mayr）就建议用各种数量分类方法初步划定分类单元的界限，并确定其分类等级；分支分类的方法则用于验证所推导出来的分支形式；进化分类方法既综合评价它们的结果，又进一步估测对分类群的进化关系作出判断。[①]

表 2 - 1　　　　　　　　　三大分类学派的比较

	分类过程			分类结果				
	客观性	可重复性	效率	稳定性	信息量	对进化的反映	可检验性	结果表示
数量分类学	差	最强	较高	高	—	弱	一般	表征图
分支分类学	差	强	一般	差	—	一般	一般	分支图
进化分类学	较差	差	最高	一般	—	强	差	进化图

　　资料来源：钟杨、李传、黄德世：《分支分类的理论与方法》，科学出版社1994年版，第48—50页。

　　在具体分类方法层面，生物分类学主要有两种方法：一是以形态学为根据，依靠人的主观见解，根据生物的外部形态和生存方式等方面的某些特征作为分类标准对生物进行描述、命名和归类，而并不涉及亲缘关系、功能结构及演化关系。这种传统分类方法基本上已不采用。二是自然分类法，它以进化论为理论基础，应用遗传学、生态学、细胞学、胚胎学、生物化学等学科的原理和方法，从生物的形态、生理、生态、化石演化关系等方面综合考虑对其进行分类。

三　广义分类学与社会科学研究

　　人们对分类问题的研究不仅存在于生物学领域，人类的视角延伸到

[①]　钟杨、李传、黄德世：《分支分类的理论与方法》，科学出版社1994年版，第51页。

哪里，知识便会扩展到哪里，知识的边界便是分类学的边界。这样将经典分类学的方法和研究范式推广，便得到广义分类学。与经典分类学相比，广义分类学具有以下方面的优势或差异：（1）更广的适用范围。它研究事物、学科或知识之间差异和联系，经典分类学只是其中的一个研究领域；（2）处于更高的认识层次。它是20世纪的最后时刻（即人类进入了信息爆炸时代）出现的，满足了人类向更高的阶段发展的需要，是人类认识宇宙、世界和知识的基础；（3）收集、传递知识的手段（方法）更加便捷、速度更快。交通工具的革新拉近了人与人之间的距离，而现代电子信息通信技术的发展，也极大地带动了分类方法和技术的升级；（4）对知识积累与浓缩的要求更高。它研究各门学科中的分类问题，讨论知识之间的联系，通过对信息的提炼和浓缩，提高了知识生产的速度和效率。[①]

建立如此普遍适用的分类学，对当前各个领域的研究无疑具有重要的理论意义。国外有研究者认为，分类学是一门关于对象分类的系统科学，关于构建这些系统的程序科学，以及将具体对象归属于这些独立的或组合的系统的某一类的程序的科学。故按内涵可将其分为四部分：（1）关于分类系统的科学——分类学概论；（2）关于构建这些系统的程序的科学——分类程序学；（3）关于将对象归入这一系统某一类的程序的科学——鉴定学；（4）关于将上述三部分内涵或其中任意两部分内涵组合成一体的科学——分类系统学。若按普遍性程度可将其分为三部分：（1）普通分类学——研讨广泛的、不受内容限制的普遍性问题；（2）部门分类学——研讨不超出一定知识领域的问题（如天文学、地质学、生物学、语言学等）；（3）具体分类学——研讨涉及具体对象分类的问题（如阿尔泰地区黄铁矿产地、儿童肾病、球函数等）。[②]

尽管如此，当前学界对这门学科的性质和研究任务的看法仍未取得一致。原因主要在于两方面：一是知识或被分类对象非常复杂，难以被置于一个统一的分析框架中进行研究。广义分类学将所有知识或事物当

---

① 张永兴：《打开世界知识之门的钥匙 广义分类学研究及应用》，中国商业出版社1995年版，第6—12页。

② ［俄］М. П. 波克罗夫斯基：《关于分类学体系》，《国外社会科学》2007年第2期。

成其研究对象，但它并不具备成为如传统哲学那样的"学科之王"的理论准备。二是广义分类学并不存在一般性的研究方法。基于事实和经验的传统分类法在解释生物种群的演化和结构关系上比较有效，但在解释更为复杂的社会系统、生态系统的组织结构关系时，则显得不够适用。这样，广义分类学在社会科学研究中的身份便需要得到修正，一种新的分类学范式——类型学便出现了。

分类与类型的研究实际上是两个相互关联的学科领域。《辞海》对此进行了区分。分类学亦称"系统学"，它是研究生物分类的学科。经典的分类学以形态学为根据，对生物进行描述、命名和分类。新的分类学应用遗传学、生态学、细胞学、胚胎学、生物化学等学科的原理和方法以及电子计算机等技术，目的在于阐明生物的亲缘关系，以及生物进化、新种形成等问题。① 而类型学又称"标型学"，它是考古学的一种研究方法；是将同一门类的遗物，根据其形态特征，分成类型，研究其发展序列和相互关系。②

《简明不列颠百科全书》中类型学条目对分类学和类型学的异同作了如下的阐释："分类学是研究自然类别的，即根据一个人所能发现的各种特点来区别一种分组归类方法同另一种归类方法之间的不同；分类学在研究各种变量的过程中，只能作为初级阶段，因为它不能对转变中的各种情势做精妙的研究，而各种变量恰恰可以出现于这些情势之中。变化越是渐进的，用以说明自然类别的区别性特征就越少，在各类别之间划分界限就变得越发困难。在这种情况下，就得借助于类型学。"③ 这可理解为，"分类学往往是对自然属性进行探讨，而类型学则往往可以用来研究可变性和过渡性问题，类属间变化越细微，限定自然类属的区别因素就愈困难，分类学就愈不胜任。"④

分类学与类型学的差异主要在于方法论层面。一般来说，分类研究有两条基本路径：一是分类学（taxonomy），即基于可观测和可测量的

---

① 夏征农：《辞海》（2000年版缩印本），上海辞书出版社2000年版，第785页。

② 同上书，第5466页。

③ 中美联合编审委员会：《简明不列颠百科全书（中文版）》第五卷，中国大百科全书出版社1996年版，第184—185页。

④ 马清远：《类型概念及建筑类型学》，《建筑师》1990年第12期。

经验性特征来区分项目；分类学方法本质属于普通聚类分析方法系列，通常与生物学而非社会科学有关，却卓有成效地被用于需要分类设计的众多学科之中。二是类型学（typology），即在概念意义上从多种维度划分一组既定的项目，类型的关键特征在于划分维度代表着概念而非经验事实；而这些维度则以某种理想类型观念——特意强调那些在经验事实中出现而非必要的特定特征的智力建构——为基础。① 总之，两者的基本区别在于前者是经验体系，而后者是概念体系。②

　　分类学与类型学的区别未必如上述定义所说那样泾渭分明。分类学并不满足于对事物形态进行区分这种简单的认识目的，已逐渐从进化论、系统论等学说中找到了学科拓展所需的理论根基，完整的分类过程总是包括两个基本步骤：（1）确定归类的标准或依据，一般指被分类事物的共性，以便对事物进行归类；（2）形成类型的划分或归属判断，对事物进行深入的结构、功能分析，这种类型可以是先验的或后验的。两个步骤往往紧密联系在一起，循环反复地贯穿于整个分类体系设计过程之中。

第二节　高等学校分类研究的类型

　　许多高等教育研究领域都可被归入高等学校分类研究之列。从研究层次上看，宏观领域对高等教育科类、布局、层次等结构的研究，微观层次对高等学校组织结构、职能、战略规划的研究，这些都有赖于厘清机构间的关系。从研究类型来看，高等教育基本理论研究试图解释"什么是大学""大学是什么"这样的大学本质问题，高等学校设置、评价等管理活动也与高等教育的利益相关者密切相连。有必要对这些分类活动进行分类，以便进一步归纳出有效的高等学校分类范式。

　　我们可依多个维度对高等学校分类研究进行分类。如从分类的层面看，分类可划分为逻辑分类和操作分类，用爱弥尔·涂尔干和马塞尔·

----

① Kevin B. Smith, "Typologies, Taxonomies, and the Benefits of Policy Classification", *Policy Studies Journal*, Vol. 30, No. 3, 2002.

② Bailey D. Kenneth, *Typologies and Taxonomies: an Introduction to Classification Techniques*, Thousand Oaks: Sage Publications, 1994, p. 6.

莫斯的说法就是"符号分类"和"技术分类"。两者分别从属于理论层面和实践层面的研究范畴；从分类的向度看，分类可分为横向分类和纵向分层，前者指横向上将事物、事件、事实划分成不同的类别，后者指纵向上将事物、事件、事实划分为不同的层次或等级。① 从分类的思维方式看，分类可分为归纳式分类与演绎式分类。前者是基于事实的归纳总结得到事物的类型划分，后者是从事物应有的属性特征演绎出类型体系。无论怎样划分，高等学校分类总是在一定的目的支配下进行的，不同的分类目的又总与特定的主体相关。据此可将高等学校分类研究分为三种类型：官方模式的规划式分类、学者模式的描述式分类和社会模式的层级式分类。

一　官方模式：规划式分类

规划式分类是指高等教育部门为优化高等教育系统的科类、布局、层次等结构，提高高等教育机构的效率和功用，依据高等教育发展的现实配置机构的层次类型和分工而得到的分类体系。规划式分类是典型的实践层面的操作分类，由于高等教育系统的结构和功能的复杂性，分类过程中同时涉及对高等学校进行横向分类与纵向分层，以此满足社会对高等教育的多样化需求。同时，由于这种分类体系本质上是对现有高等学校类型体系的优化调整，其类型体系的存在价值在于引导未来高等学校职能实现和定位实践，因而在方法上，这种分类应对高等学校的现实图景进行归纳，又要依照高等学校在未来社会中的应用功用对其进行演绎式分类。

规划式分类以官方机构为主体，这类分类体系表现出如下特征：（1）权威性。规划式分类通常由高等教育主管部门研制，这些部门往往全面地掌握了分类所需的信息，能组织和吸纳富于经验的高等教育管理者参与其中，这在很大程度上增强了其分类过程的合法性和权威性。（2）规定性。规划式分类本身不是目的，而是高等教育规划实施的一种手段，这样的分类体系由政府部门以法律和政策文本的形式予以确定下来，它事实上规定了未来高等学校的类型体系。（3）以机构职能为

---

① 潘懋元、陈厚丰：《高等教育分类的方法论问题》，《高等教育研究》2006 年第 3 期。

导向。规划式分类的政策目标实现高等教育资源配置效用最大化，它预设了各类机构的使命和职能，让每类高等学校都成为社会机器上的特定部件，是高等教育"政治型"哲学观的具体化。

正是由于以上特点，使得规划式分类与高等教育管理者的一些政策和行为具有共通之处，后者典型的如高等学校设置。

高等学校设置是指对所设立的各类高等学校的性质、任务及其专业的条件、基准，以及审批、认可程序等方面的法制性规定。[①] 从审批角度看，高等学校设置，就是法定的有权行政机关，根据有关申请，依法赋予特定的行政相对人，从事相应的高等教育活动的权利和资格的行政许可。[②] 高等学校设置涉及两方面内容：一是高等学校的基本设立条件，涉及各级各类机构的学科门类、专业设置、师资力量、教学设施、经费来源、人才培养目标、规模、领导体制、招生就业等方面的标准；二是审批和认可高等学校的相关法律程序的规定，如关于某类高等学校设立时的审批机关、审批程序、认可评价等制度。由此可见，高等学校设置中对高等学校设立条件的规定便是规划式分类的特例。规划式分类是高等学校设置的前提，高等学校设置中的相关制度则是落实规划式分类体系的保障。

规划式分类在高等教育实行集权制管理的国家或地区比较常见。典型的例子是 1960 年的美国加州高等教育总体规划。该规划最终以法律文件的形式确立了加州各级各类高等教育机构，包括加州大学、加州州立大学和社区学院，在院校使命和职能、招生与转学、培养层次、布局等方面的具体要求，从此将西方国家带入一个高等教育规划时代。中国一直有对高等教育机构进行规划分类的传统，《高等教育法》第二十四条规定了设立高等学校的目的，第二十五条对设立高等学校所应当具备的教育法规定的基本条件作出了进一步说明。而像日本、法国、俄罗斯这样的国家，也通过行政力量对高等教育机构进行事实的分层分级管理，通过相应的法律法规限定了各类机构的设置标准。

高等教育实行分权制管理的国家，市场是高等教育发展的主导力

① 王保华:《高等学校设置理论与实践》，华中师范大学出版社 2000 年版，第 5 页。
② 廉军:《高等学校设置和结构调整初探》，《天津市教科院学报》2007 年第 5 期。

量，高等学校的类型演化遵循"优胜劣汰、适者生存"的"自生秩序"，即便如此也并不能完全排斥规划式分类的存在。英国对高等学校的管理主要以市场力量和机制为主，在第二次世界大战前该国几乎没有由中央或地方政府创办的大学，传统大学都由民间力量支配，各类高等教育机构享有充分的办学自主权。但该国 1965 年应《罗宾斯报告》的建议，实行高等教育双重制的管理模式，形成了事实上两类高等教育机构。然而在 1992 年后，该国 30 多所多科技术学院及其他学院也征得政府同意取得了大学的称号，使得该国高等教育重回一元制。在一贯坚守市场调节原则的英国，高等教育体制变革也是政府直接干预的结果。

规划式分类并非最适切的高等学校分类实现方式，这种分类模式也存在一些固有的缺陷和不足。首先，官方背景下分类体系过于刚性，从而压制了高等学校追求个性化发展的动力，可能导致同类同质化发展的结果。其次，由于高等教育在国家和社会生活中的角色越来越重要，结构日益复杂，规划式分类的结果对高等教育的发展具有多大的驱动力很难预见，甚至在某些情况下可能还是一种阻力。最后，过于理性的高等教育观会降低分类体系的科学性。规划式分类体系的研制者尽管不乏经验丰富的专职管理人员和研究人员，但分类结果却更应服务于宏观管理上的需要、服务于社会对高等教育的需求。

二 学者模式：描述式分类

高等学校分类是高等教育研究的一个重要领域。研究不同类型高等教育机构的组织特征和结构差异，抛开业已被贴上的标签考察这些机构所应具有的本质属性，是透析高等教育现象的一条可能路径，也是高等教育专职研究人员、高等学校领导者的分类价值追求。描述式分类属于典型的逻辑分类。这种分类体系一般不考虑高等学校的地位差异，而是通过无价值偏见的指标体系深描和归纳高等教育的现实图景，追问"什么是大学"，探寻心中恒久不变的大学理想。因此，描述式分类不能创造出新的机构类型，多对高等学校类型体系历时性写实归纳，分类体系反映的是机构某个时段的静态特征。

描述式分类属于研究者模式，该分类体系具有如下特点：（1）学术性。描述式分类是"为分类而分类"的纯学术性的分类系统，研究者运用传统分类学和教育学等学科的理论与方法，根据分类目的构建适切的分类指标体系，从而保证了分类法的科学性和准确性。（2）无价值倾向。分类目的不是为了对高等学校进行等级和地位划分，分类指标的选择往往基于高等教育事实。因而，这种分类体系会成为高等学校排名、评价的基础和前提。（3）事后性（后验性）。常运用归纳法呈现高等学校的特征，它依据机构某个时段已经完成的使命对其进行分类，所得分类法是一种后验性的结果。

根据描述的精细程度或研究目的，描述式分类可有两种类型。一是量化研究。以描述高等学校类型体系为目的，通过详实的数据、完备的指标体系，以全部高等学校为研究对象，力图形成一个全包括式分类体系，因而能比较精准地描绘高等学校的面貌特征。它以经典分类学的方法论为指导，调查法、统计法等方法是其最常用的研究方法。二是概念研究（或定性研究）。这类研究更注重探索不同类型高等学校的属性特征，揭示高等教育的结构发展规律。它以现代分类学为理论基础，综合运用调查法、个案研究法、比较研究法等方法，通过文献分析、历史分析等研究技术，抽取机构最具典型化的特征，从而形成相应的高等学校概念类型。

理论上，由于分类体系的学术性背景，描述式分类可以成为一切分类研究的基础。美国高等教育机构分类法是描述式分类体系的典型代表。在其 1973 年版本的机构分类法中，高等学校根据功能和师生特征分为五大类型：博士学位授予大学；综合性大学和学院；文理学院；两年制学院和学校；专业学院和其他专门教育机构。每大类学校又细分为若干种，以反映同类院校间的差异。[①] 此后的三个版本并未作太大变化。2000 年版本的主要变化是去掉了对研究型大学的联邦科研经费要求，增加了学位授予的学科分布要求。2005 年和 2010 年版本的最重要变化是由系列分类取代了原有的单一分类，从而形成包括 6 个平行的分类方案和 1 个可选分类方案的多维分类法：即本科教学项目分类、研究生教学项目分类、招生特征分类、本科生特殊分类、规模与设置分类、基础分类以及针对高等学校与社会的结合程度的社区参与分类（可

---

① The Carnegie Commission on Higher Education, *A Classification of Institutions of Higher Education*, New York: McGraw Hill, 1973.

选)。随着卡内基分类法复杂程度的增加,美国高等教育机构的立体景观得以更全面地展现出来。

描述式分类同样存在一定的局限性。首先,分类体系实用性较差。描述式分类尽管能从多个维度再现高等学校的类型差异,但分类体系设计的现实功用却并不限于此。卡内基分类法作为公认的成熟的分类体系,但官方更倾向于以学制、管理权等为维度统计相关机构。其次,分类体系难以做到"价值无涉"。由于知识背景、分类方法运用和分类目的上的差异,分类者选择分类指标体系时很难摆脱固有价值倾向的干扰,这样的分类体系会沦为高等教育评价体系的平台载体,甚至本身就被理解为一种机构排序表,正如 2005 年以前的卡内基分类法所遭受的批评一样。再次,分类数据的可得性、适用性难以得到有效保证。把握分类对象特征是从事描述式分类的前提,与官方模式的规划式分类相比,分类者面对的是一个庞杂的高等教育系统,他们不可能准确全面地得到用于分类的所有高等学校的信息。

三 社会模式:层级式分类

作为高等教育的使用者,学生和家长、行业和企业等社会主体也会对高等学校进行分类比较。这种社会模式下的分类体系常以达到高等教育受益最大化为目的,从多种维度对高等学校的表现进行比较,从而得到一种层级式的机构分类法。它不看重系统间的组织结构关系,而是按机构的地位高低和表现优劣等划分层次类型。这种分类体系属于操作分类,分类向度是纵向分层。它凭借归纳法对现实高等学校进行事实判断,体现出分类者在使用这些机构时所关注的利益和价值追求。

社会模式的层级式分类具有如下特点:(1)分类目的的多元性。行业和企业出于与高等学校在产品研发、技术升级、人才交流等方面合作的需要,学生和家长对机构分类的动机源于择校,而高等学校自身出于未来市场竞争的压力,也会通过层级式分类,寻找潜在的竞争对手和发展途径。(2)价值有涉。分类者会根据自身的分类目的和价值判断确定分类维度,根据自身的偏好和高等学校的事实将机构划归于不同的等级。但分类者的研究过程不会有任何的偏见,而是遵照科学的原则和研究方法,就机构的本来面目进行探索。(3)分类结果的相对性。它们不会抽取和归纳机构的内在属性特征，却往往就机构某些方面的表现进行分层处理。因此，这种分类法得到的是相对的类型体系，它易受经济、社会、高等教育自身发展状态的影响。

层级式分类并不是对高等学校进行排名，两者有着紧密的联系，两者最大的区别在于分类的标准和方法，前者是一种更为精细的价值判断，注重运用相对指标和计量方法对高等学校进行比较研究；后者尽管也是一种价值判断，但往往采用直观指标或定性指标和方法对高等学校群体进行归类。正如卡内基教学促进会的亚历山大·麦考密克所言，"尽管分类关注的是衡量高校的相似性而不是进行数字排序，但是两者的联系却非常紧密，从分类的内容、结构、过程到分类方法以及各类用户对分类的解读，都与排名有相似之处。……可以根据认知价值和质量差异来构建高校分类。……在这种情况下，分类与排名的唯一区别在于，分类是对高校群体进行排序，而排名是对单个高校进行排序。"[①]

由于高等教育竞争的需要，许多分类体系特别是用于大学排名的分类评价系统往往具备层级式分类的特点。武书连的"中国大学评价"的研究型、研究教学型、教学研究型和教学型四类高等学校就是一种层级式分类的结果。邱均平"2005 年中国大学评价报告"中则首次区分重点大学、一般大学与民办大学，从学科专业、综合实力、区域高等教育竞争力等多个方面进行分类评价。《美国新闻与世界报道》对全美最好大学的排名一般以卡内基分类法的基础分类为参考，依此分类法得到四类大学：全国性大学、地区性大学、全国性文理学院、地区性学院等。加拿大《麦克林》杂志的大学分类得到医学博士类大学、综合类院校、基础学士类学校三类机构。可见，分类特别是层级式分类，常常作为综合排名和评估的前提，或者后者就是前者的终极目标。

将高等学校分成不同的层次是一种比较实用的划分方法，然而这种分类法的缺陷也非常明显。首先，分类结果比较片面，无法全面地反映高等学校的特征。分类者往往出于自己的偏好和目的，依照高等学校某

---

① Alexander C. McCormick, "The Complex Interplay Between Classification and Ranking of Colleges and Universities: Should the Berlin Principles Apply Equally to Classification?", *Higher Education in Europe*, Vol. 33, No. 2 - 3, 2008.

些维度的表现进行分类。基于多维度的分类固然必要，但不同指标应该赋予多大权重，不同主体的观点各异。其次，分类者的立场不同决定了这类分类法难以取得一致认同。与充斥于高等教育市场中的各类大学排行榜类似，分类者特定的价值倾向也会影响其研究方法的选择和操作步骤。再次，受分类主体的构成和数据的可得性等因素的影响，分类体系的科学化和系统化水平有待提高。社会更需要但却最不了解高等学校，高等学校个体也缺乏对高等教育环境的充分认知，信息失灵和技术不对称严重影响了类型体系设计的实效和科学性。

第三节　高等学校分类研究的基本范式

世界观决定方法论，而对于研究方法的认识，中外学界存在显著差异。如叶澜教授认为方法论知识体系具备"多层次、多类型性"：第一层次是哲学方法论，第二层次是横断科学方法论，第三层次是专门科学方法论，最后是各门具体学科的方法论。[①] 而约翰·W. 克雷斯威尔则将研究设计归为三个问题组成的研究路径：研究者运用了什么样的知识观？什么样的研究策略将贯穿于整个研究步骤？将使用什么样的资料收集和分析方法？[②]

两位学者实际上都强调了研究方法的两个层次。（1）研究的视角与理论基础。它是基于某类理论的研究立场，不一定是所谓的哲学方法，但会主导整个研究的价值判断、目的选择，类似的如实证主义、反实证主义的观点。（2）研究范式。它是指不同主体对于研究中所涉及的一般问题的综合预设，如对研究类型和目的确立、研究步骤设计、研究方法和技术等问题的系统认知。研究方法是指从学科方法中抽取得到的研究路径，比如比较研究、历史研究，或定性研究与定量研究的方法。而技术则指分析问题时采用的技巧，如在收集数据时用到的调查法、文献法、统计方法等。综合考察，本书依此从这两个方面讨论高等学校分类研究的方法。

---

① 叶澜：《教育研究方法论初探》，上海教育出版社1990年版，第15页。
② ［美］约翰·W. 克雷斯威尔：《研究设计与写作指导：定性、定量与混合研究的路径》，崔延强译，重庆大学出版社2008年版，第4页。

一 高等学校分类研究的视角

1. 管理学视角——组织的观点。著名的管理理论大师彼得·德鲁克把管理解释为管理阶层的一种职能，即："为组织指引方向，必须深入思考组织的使命、为之制定目标、为了达到组织必须做出的成果而组织资源。"①高等学校是社会组织，以组织的观点解释高等学校类型体系是分类者必备的基本技能。"组织的研究分为微观、中观和宏观，相当于个体分析、组织分析和社会分析。"② 显然，高等学校分类研究处于第二层即是对不同类型机构的组织构成、结构、行为方式等活动的规律的探究。从组织的观点来看，高等学校有别于其他社会组织的特征在于它的学术性。而从高等教育自身的组织形态来看，高等学校内部存在着两种权力，即学术权力与行政权力，这两种权力在高校以研究所、讲座和系为横向维度，以学科为纵向维度组成一个相互交织的矩阵，从而构成了高等学校的组织结构。

2. 经济学视角——资源配置。经济学视角下分类研究的一个主张便是物尽其用、校尽其能，通过为高等学校的发展创设合理的竞争秩序和机制，避免因机构个体不正当定位所造成的恶性竞争、同质化发展，进而提高高等教育投入产出效率。高等教育的资源配置包括四个层面："一是把全部资源交给作为整体的高等教育部门；二是在各院校中间分配这些资源；三是在每所院校内的各项具体活动中间进一步分配；四是再进一步分配给教师个人。"③ 第一层次体现出政府、市场力量对高等教育的控制力势，决定了高等教育的所有制形式和高等学校的法人地位的差异，其他层次则影响着高等学校组织行为方式，这些都可成为高等学校分类的依据。

3. 教育学视角——人才培养。教育是培养人的活动，高等教育的使用者对高等学校人才培养的层次、类型有着多样化的需求，学生对高等学校所应提供的教育服务有着不同的预期，个体高等学校因资源和能

① Peter F. Drucker, *Management Tasks*, *Responsibilities*, *Practices*, Oxford：Butterworth - Heinemann, 1999, p. 26.

② ［美］詹姆斯·马奇、赫伯特·西蒙：《组织（第 2 版）》，机构工业出版社 2008 年版，"序"。

③ ［美］伯顿·克拉克：《高等教育新论——多学科的研究》，王承绪等译，浙江教育出版社 2002 年版，第 89 页。

级所限，固然不能包揽所有类别人才的培养工作，而是有选择地制订人才培养计划，控制招生规模，设置相应的学科专业，开设相关的课程。因而，人才培养规模、层次、类型和质量等方面的差异可作为区分高等学校的一个基本视角。如历次卡内基分类法中的基础分类都将教育层次作为其分类的主要依据，而联合国教科文组织的"国际教育标准分类"（ISCED 1997）将高等教育区分为两大类：普通高等教育和职业高等教育，前者又分为研究性教育和专业性教育。这些显然都是基于人才培养的角度而得到的分类法。

4. 高等教育学视角——高等教育的功能。基于高等教育系统的固有功用对高等学校进行分类是现有研究的典型路径。从中世纪大学诞生至 19 世纪初德国柏林大学的创办，再至 19 世纪六七十年代美国赠地大学的出现，高等教育依次具备了人才培养、科学研究和社会服务三项基本功能。需要指出的是，高等教育的功能与高等学校的职能是两个不同的概念。前者是指从系统结构与功能的角度出发得到的整个系统具备的应然功用，后者则是个体对于外界需要的一种回应。个体机构层面，这三大功能并非都能兼顾，而是有所侧重、有所分工。个体的职能涵盖到不同层面如对社会、个人的职能，也包括对经济、政治、文化的发展应尽的职能。高等学校承担着不同的高等教育功能，这影响着个体职能的发挥，进而令各类机构表现出组织类型上的差异。

5. 知识学视角——知识分化。从起源上看，高等教育机构的演化逻辑是知识分化的需要和结果。自柏拉图按照"以体操锻炼身体，以音乐陶冶心灵"的原则，将学科区分为初级和高级两类，直至文艺复兴前，"七艺"一直是西方知识体系的主体。[①] 在文艺复兴时期和17—18世纪时期，知识体系在"七艺"的基础上出现了两次大的分化，自然科学、人文科学逐渐从哲学中分离出来，这些都促成了现代学科体系的产生。与此同时，各类专门高等教育机构不断涌现，而个体机构内部的课程、专业和院系设置进一步分化和专业化。这些机构及其内部的学术组织又构成了新的学术部落，反过来成为知识分化的助推器。因此，知

---

① ［美］伊曼纽尔·沃勒斯坦：《知识的不确定性》，王昺等译，山东大学出版社2006年版，第9页。

识或学科专业在机构中的构成情况、机构在推动知识发展的能力等也可成为区分高等学校类型的标志。

社会学视角——高等教育的社会分层。教育有促进社会分层的作用，一定的主体或经教育筛选和过滤出来，或通过教育掌握了他人所不具有的资格、知识和经验，从而成为社会中的精英上层。"人只有通过教育才能成为一个人，人是教育的产物。"高等教育所应培养的是社会所需要的高级专门人才，高等教育机构的分层成为社会分层的一个关键纽带。正如阎光才所言，"大学作为知识的权威机构以教育培训和资格认定的形式来控制个人乃至整个社会的流动，以知识占有的不平等来构筑合理化的社会不平等。"① 不同层次高等教育机构在实现这种"不平等"的过程中所起到的合理化、合法化作用不可小觑，这事实上又构成了另一种高等学校分类观。

二 高等学校分类研究的两种范式

我们将范式理解为由科学共同体承诺和遵循的研究问题、理论、方法、价值等形塑而成的研究途径。"范式"为特定的、连贯的科学研究的传统提供模型。② 借助前述关于典型分类学和广义分类学的相关观点，我们可将国内外高等学校分类研究的研究路径归纳为两种范式：即分类学与类型学范式。以下分别从三个方面就两种研究范式进行总结：（1）分类目的，即分类的理由和类型体系的功用；（2）分类方法，包括分类的支撑理论、分类维度、指标体系和分类技术等；（3）分类结果，对高等教育体系的划分和类型的解释。

（一）分类学范式

分类学研究范式是一种典型的科学分类体系，它通常通过经验性数据和量化研究方法，力求对现实高等学校类型进行精确的分类描述。较有影响的研究如美国的"卡内基高等教育机构分类法"、最近欧盟的"欧洲高等教育机构分类法"等。

---

① 阎光才：《识读大学——组织文化的视角》，教育科学出版社2002年版，第64页。
② ［美］托马斯·库恩：《科学革命的结构》，李宝恒等译，上海科学技术出版社1980年版，第8页。

1. 分类目的。高校和其所有的利益相关者几乎都有使用这种分类体系的必要，这种研究主要出于两种目的。其一，描述高等教育的发展现状。描述现状的一个重要动因在于政策意义上理解和运用高等教育多样性的需要。以"欧洲高等教育机构分类法"为例，其研制目的就在于提高欧洲高等教育机构的透明度，"更好地理解高等教育多样性、院校的使命、特征和运作情况，将增强人才的流动性，院校间的相互合作，欧洲高等教育文凭的认同，从而提高其国际竞争力和吸引力。"①其二，评价高等学校的表现。高校的差异也体现在其服务表现之中，有价值倾向的评价活动因此可被视为分类活动的特例。这样的分类体系，"有利于增加院校和系统的透明度，方便跨境学生的学习投入和其他方面的流动性，并为政策制定者提供一个附加的规制工具。"②

2. 分类方法。一般而言，经验性分类学需要有明确的分类理由，要有特定的研究组织和单元，应选择组织的特征或分类维度，然后基于数据分析将组织划入不同的类别。以调查法和量化研究法为代表的经验研究方法在高校分类的分类学范式中最为典型。统计方法是经验性分类研究的常用技术，其中最主要的是聚类分析。③ 底层的研究技术有相关分析、因子分析等。④ 分类指标和维度的选择是分类时的关键因素。"所选的维度越多，分类对象能被描述和划分得越详细。然而，这是自上而下的，因为维度越多也意味着复杂程度的减弱，这会降低分类方法上的可操作性。虽然最理想的维度数目没有'客观的'标准，但'不超过7个维度'是被广泛使用的经验原则。"⑤

3. 分类结果。与分类目的对应，分类学范式下的高等学校分类通常得到描述式和评价式的两类结果。作为前者的典型代表，"欧洲高等教育

---

① Chris Trott, *Berlin Conference on Typology Transparency in Diversity – Towards a Classification of European Higher Education Institutions*（http：//www. go8. edu. au/storage/About_ go8/european_ liaison/Report – Towards_ a_ Classification_ of_ European_ HE_ institutions. pdf）．

② Simon Marginson, "The Knowledge Economy and Higher Education: A System for Regulating the Value of Knowledge", *Higher Education Management and Policy*, Vol. 21, No. 1, 2009.

③ Donald C. Hambrick, "Taxonomic approaches to studying strategy: some conceptual and methodological issues", *Journal of management*, Vol. 10, No. 1, 1984.

④ 杜瑛、戚业国：《高等学校分类的历史与比较研究》，《江苏高教》2005 年第 3 期。

⑤ U – map, *The methodology*（http：//www. u – map. eu/methodology. doc/）．

机构分类法"一般是根据某项指标上所有被分类院校的总分的4分位数来划分，从而得到在该项指标上的4个相对类别，通常用"较多/较重要""一般""较少/不太重要"和"极少/不重要"4个等级来表示。①评价式分类的做法更像是将高校作纵向分层排序。有论者通过对教学质量的评估，将意大利大学分为三类，即"被认可的"（38%，又分为"最好的"和"好的"两类)、"被有保留的认可的"（41%）和"不被认可的"（21%）大学。②

（二）类型学范式

类型学范式最突出的特点在于提出高校的概念类型。它在高校分类中的运用往往侧重于阐释不同类型高等学校间的关系，它将高等教育作为一个系统或整体来还原高等学校分类问题。该分类范式在高等教育管理的实践中被广泛运用，如加州总体规划对该州高等教育体系不同类型高校使命的规定、澳大利亚近来对其高等教育系统的划分以及联合国教科文组织"国际教育标准分类"中针对高等教育的分类系统，实际上都可划归为这种范式。

1. 分类目的。类型学范式下的高校分类研究大体出于以下两种目的。其一，调整高等教育的结构。在高等教育政策研究中，这种预测可作为高校强化组织学习以应对不确定性环境的重要手段，进而会上升为政府宏观高等教育政策的组成部分。以澳大利亚为例，同中国一样，该国教育、科学和培训部近年来也致力于推进该国第三级教育系统的整合，力促高等教育机构分类发展。其分类目的在于提高未来高等教育系统的多样化程度，为身处迅速变化环境中的大学和高等教育提供最好的调节框架。③ 其二，预测高等教育趋势、探索高等学校的本质。"组织研究过程中的一个重要步骤就是对其进行有意义的分类。"④ 高校分类研究的主要目的之一就是

---

① U – map, *Overview of dimensions and indicators* (http：//u – map. org/U – Map% 20dimensions% 20and% 20 indicators% 20overview. pdf）.

② Domenica Fioredistella Iezzi, "A Method To Measure The Quality On Teaching Evaluation Of The University System：The Italian Case", *Social Indicators Research*, Vol. 73, No. 3, 2005.

③ DEST, *Building university diversity*：*future approval and accreditation processes for Australian higher education*, Canberra：DEST, 2004, p. 1.

④ Art Lysons, "Taxonomies of higher educational institutions predicted from organizational climate", *Research in Higher Education*, Vol. 31, No. 2, 1990.

认识高校、寻找其持久的存在意义，细心的研究者和高校领导们尤其具有这种超脱政策和环境障碍的透视力。

2. 分类方法。思辨性的、非经验研究的方法在高校分类的类型学研究范式中得到了广泛运用。论者们凭借对高等教育现象的敏锐感知力，或归纳出高校类型的本质属性，或提出未来高等教育机构的生态类型。如刘献君教授根据高等学校的三大社会职能，将高等学校分为研究型大学、教学研究型大学、教学服务型大学、教学型本科院校、专科学校和高等职业学校等类型机构。① 类型学研究范式在运用非经验的、思辨性方法的同时，并非完全排斥量化方法的使用，至少在分类技术层面如此。埃米·艾贝尔在研究公司大学时认为，概念性的划分公司大学的做法，所使用的变量混淆，无益于形成概念，会使其更加令人难以理解。因此，经验性地检测公司大学的基础维度，从而形成一个更丰富的、量化分类方案将更为有用。②

3. 分类结果。服务于高校设置和结构调整的类型学范式常是教育行政的重要内容之一。"纯学界"的研究，一方面提出基于现实的粗线条的高校类型，以增进对高校本质的理解。如英国存在一种经典大学四分法：即古典红砖大学、早期的多科技术学院、早期的技术学院和20世纪60年代的绿地大学。③ 另一方面则是对未来高等教育机构存在形式的预测和描述。如阿瑟·列文认为高等教育机构将进一步扩张且更加多样化，美国将会出现三种类型的大学：一是以传统年龄段学生为主体的传统的校园大学，可称之为砖式大学；二是新的虚拟大学如尤利克斯特，它以非传统学生为主体，可称之为点击式大学；三是以上"砖式"与"点击式"相结合的大学。④

---

① 刘献君：《建设教学服务型大学——兼论高等学校分类》，《教育研究》2007 年第 7 期。

② Amy T. Lui Abel, *The development of a conceptual framework and taxonomy for defining and classifying corporate universities*, Diss, New York：New York University, 2008, p. 114.

③ Art Lysons & David Hatherly, "Cameron's dimensions of effectiveness in higher education in the U. K.：A cross‑cultural comparison", *The International Journal of Higher Education and Educational Planning*, Vol. 23, No. 3, 1992.

④ Arthur Levine, "The Remaking of the American University", *Innovative Higher Education*, Vol. 25, No. 4, 2001.

三 高等学校分类研究的"第三条"路径：混合范式

这里首先简单归纳两种高等学校分类研究范式的差异。如表2-2所示，在分类学范式中，通过量化的数据和指标客观地展现高等教育发展现状，是研究者认识和还原高校图景的重要方式，这对政府的高等教育多样化政策具有借鉴意义。更为精细的高校评价，有助于学生和家长的择校，是高校管理者实施绩效管理、院校战略和标杆管理的有效工具，更是研究者认识高等教育的手段。借用经验研究方法和聚类分析，分类学从某些层面深描现实高等教育的立体景观。

反之，类型学派敏锐地把握高等教育发展趋势，反映出一种强烈的高等教育系统观，这正是高校和高等教育管理者借诸掌控未来高校设置和结构调整方向的必要素质。以探索高校本质为指向的高校概念系统，力求将高校置于历时性的高等教育发展史中，勾画出未来高校的理想类型，试图寻找如柏拉图脑中那个"完美圆"般恒久不变的"大学"。运用思辨性方法，论者可充分发挥抽象能力，多维度地展现直觉或意念中的高校概念体系，自由地勾画高校的理想类型或设置政策。

表2-2　　　　　　　　　高等学校分类研究范式的比较

	分类主体	分类目的	分类方法	分类结果
分类学	所有高等教育利益相关者	描述高等教育的发展现状、评价高校的表现	经验性方法为主（调查法和量化研究法）、分类技术以聚类分析为主	描述式或评价式的经验体系，单维度、相对细致的指标体系和量化结果
类型学	高校和高等教育管理者、专职研究人员	调整高等教育的结构、预测高等教育趋势、探索高等学校的本质	思辨性方法为主、部分采用统计技术	设置政策或理想类型式的概念体系，多维度抽象的分类标准、结果直觉化

抛开这些表面的差异，两种分类研究范式本身各有一定优势和不足。分类学范式的适用范围尽管更广，即便设计得再精细的类似研究，往往只限于静态地揭示某一时间截面上现实高等教育的某些特定维度的发展状况，分类者应较全面地掌握量化研究方法和统计技术。为测量多样性，这

种方法论在比较权限上是有帮助的，但是在其他方面的比较中则是毫无帮助甚至是误导的；[①] 而且，这种侧重于外部多样化的分类研究着力于分类的操作化和方法突破，却未详细解释其分类结果。[②]

综合国内外情况来看，类型学范式的高校分类研究相对较少，尽管这种范式下的分类结果相对抽象，并未很好地运用规范研究方法和技术，却极力动态地展现不同时空高等教育的多维度发展情况；由于院校角色和功能不断变化，这种分类范式特别胜任在经济社会生活的大框架下探讨高等教育体系结构问题。不要因分类方法上的"不科学"而怀疑这种研究的价值，类型学论者以高等教育实践者和专职研究人员居多，提出和解释概念体系更需要长期的工作经验和丰富的推理能力。

分类学与类型学因分类目的上的不同，很难说哪种范式更为有效。成功的分类研究总是交替运用这两种范式，实现了分类方法和技术、概念的综合。高等教育分类的目的之一就是根据概念性的称谓、实证验证和对正式结构的有效测量对院校进行描述和排名。[③] 如果说"现实的圆"永远无法还原"理想的圆"，那么这两种分类范式的综合运用则是透析"什么是大学"的不二之法。"卡内基高等教育机构分类法""欧洲高等教育机构分类法"等经验体系，在调查研究、个案研究和聚类分析前后，都贯穿着一组"后验性的"高校概念；而 1960 年加州高等教育总体规划方案和"国际教育标准分类"也并非纯粹的概念体系，而是历经先期数次对现有高等教育现状的多角度深描后的产物。

本书将这种综合分类学与类型学优点的范式称为高等学校分类的"第三条"路径。菲利普·里奇在对组织的经验性研究方法和步骤的概括中，实际上展现的就是这种混合范式。他的这种分类方法和步骤如下：（1）广度：确定是类型学还是分类学体系。（2）意义：解释在广阔的社会背景体系的分类系统的理由和分类方法的逻辑的支持性理由。

---

① Daniel W. Lang, "Similarities and differences: Measuring diversity and selecting peers in higher education", *Higher Education*, Vol. 39, No. 1, 2000, p. 102.

② Qiang Zha, *Diversification or Homogenization: How Chinese Governments Shape the Higher Education System*, Diss, Ontario: University of Toronto, 2006, p. 45.

③ Jeffrey Paul Bartkovich, *An Empirically Derived Taxonomy of Organizational Structures in Higher Education*, Diss, Virginia: University of Virginia, 1983, p. ii.

（3）深度：分类应当使用多维的分析元素精确地反映组织的现实。（4）理论：使用一定的理论基础以引导分类学的深度和广度。（5）量化测量：使用组织的多变量数据和数字化的程序来实施。（6）完整性和逻辑：应当包括本研究领域内的各类组织。（7）可识别性：向研究者和实践工作者反映出组织的真实工作情况和复杂环境。[①]

　　本书将这种混合范式总结为以下六个步骤（见图2-1）：（1）确定分类原因。根据立场、研究目的，谋划分类研究的类型。（2）构建分类的理论基础。基于组织学、经济配置、人才培养、高等教育功能等，还是其他。（3）提出高等学校概念（类型学）。通过观察，抽取高等学校的核心概念，形成机构的理想类型。（4）收集所有机构的数据。从适当的渠道和途径，掌握被分类机构的可用信息。（5）选择分类维度和指标、运用适当的方法和技术分类（分类学）。运用经验研究方法、统计技术进行分类。（6）解释和验证概念体系。根据分类学方法分析和还原理想类型，并比照现有分类体系对这些概念作进一步说明。

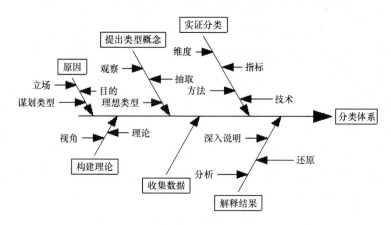

图2-1　高等学校分类研究的混合范式

①　Philip Rich，"The organizational taxonomy：definition and design"，*Academy of Management Review*，Vol. 17，No. 4，1992，p. 778.

第三章　高等学校分类发展的现实及研究方法论

经"院系调整"确立了高等教育系统的"原点"后，高等学校的分类管理、分类发展便成为主宰中国高等教育管理政策的脉动。随着高等教育体制改革的深入推进，原有的高等学校分类体系愈来愈表现得与此不相宜。在高等教育实践的另一端，研究者们对中国是否建立起了"科学的"或"公认的"高等学校分类体系的判断常常是否定的。为弥合高等学校分类实践与研究间的鸿沟，有必要回溯中国高等学校分类发展的实践和相关研究，以进一步探析高等学校分类的价值取向，提出相应的破解途径。

第一节　高等学校分类发展的历史基因

新中国成立之初，中国仿苏联对当时的高等教育体系进行了"院系调整"，确立的按行业和专业办学的院校类型体系便是此后主导个体机构发展、官方调整高等教育层次和科类布局的"标杆"，历经高等教育大扩招、大发展和大提高的时期，这种类型体系虽然有所淡化，但分类发展的政策理念一直是主导院校发展的历史基因。

一　"院系调整"与分类发展（1952—1984 年）

在洋务运动的推动下，清政府举办的新式学堂构成了中国现代高等教育机构的原型，大致可将其划分为外国语（"方言"）学堂、军事（"武备"）学堂和技术实业学堂。[①] 国民政府时期，高等学校按管理权

---

① 孙培青：《中国教育史（修订版）》，华东师范大学出版社 2000 年版，第 298 页。

限不同可分为国立、省立、市立和私立四种，按照学科门类的数量则可分为大学和独立学院。

新中国成立后，为满足经济社会建设的需要，在全面学苏的背景下，中国于1949—1956年分两个阶段对高等教育进行了全面改革。1949—1952年上半年，主要是全面接收教会大学，逐步确立了以公立高等学校为主体的高等教育办学体制，并在小范围内学习苏联高等教育办学体制。1952—1956年，中国对高等教育实施了全面的"院系调整"。主要原则是："大学（指综合大学）为培养科学研究人才及培养师资的高等学校，全国各大行政区最少有1所，最多不得超过4所；大学行政组织取消院一级，以系为教学行政单位。工学院是这次院系调整的重点，以少办或不办多科性的工学院，多办专业性的工学院为原则。农学院应采取集中合并的方针，每一个行政区必须办好1所至3所农学院，各省可办专科。师范学院每一个行政区必须办好1所至3所，培养高中师范学院每一个行政区必须办好1所至3所，培养高中师资；各省可办专科，培养初中师资。"①

"院系调整"以工科院校为突破口逐步扩展到所有高等学校，并由华东、华北地区开始迅速全面推广到全国，具体措施包括：（1）将原来包含文、理、法、工、农、商、医、师范等多个学科领域的综合大学改组为文理综合大学，并大幅减少了综合大学的数量；（2）通过组合、新设、升级等方式，大量增设为社会经济建设所需的工、农、医、师范等单科性高等学校，并使之成为高等教育机构的主体；（3）对高等学校的布局结构进行调整，将高等教育比较发达的华东、华北地区的部分高等学校搬迁到高等教育欠发达地区。

新中国成立之初的两次教育改革，特别是"院系调整"直接奠定了中国高等教育系统的根基，所确立的机构类型概念起到了高等学校发展标杆的作用。可将这段时期的高等学校作出以下划分。

（一）按学科门类的分类

高等学校按学科门类性质不同可分为综合类（主要是文理综合）、工业类、农业类、林业类、医药类、师范类、语言类、财经类、政法类、体育

---

① 苏渭昌：《50年代的院系调整》，《中国高教研究》1989年第4期。

类、艺术类及其他类等 12 类。按照学科门类数量和办学层次可划分为大学
（综合类）、学院（各类多科性院校）和高等专科学校等 3 类。这种分类的
依据是"培养人才的范围"，分类结果是"大学、多科性工学院、工业方面
单科性的学院、农学院、林学院、医学院、财经学院、政法学院、师范学
院、艺术学院等"，以"有步骤地确定每个高等学校所设的'专业'，使各
校皆有明确的任务，集中力量培养某几行国家建设需要的专才"。[①] 图3－1
描述了"院系调整"后直至 1984 年高等学校的类型结构变化。

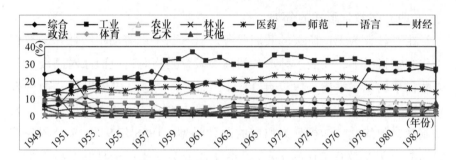

图 3－1　1949—1982 年按学科分类的高等学校数据统计

（二）按办学性质的分类

1949 年以前，高等教育机构分为国立、公立、私立三个部分，且
私立高等教育机构占有很大比重。如新中国成立之时，全国私立高等教
育机构 81 所，占院校数的 39.5％。[②] 经过"院系调整"，这些私立机构
依法被划归国有或取缔，公立机构一直是高等教育机构的唯一形式。随
着 1978 年党的十一届三中全会的胜利召开，民营经济、个体经济和外
资经济的发展和壮大为非公立高等教育机构的创设积蓄了力量，并于
20 世纪 80 年代初出现了少量由社会力量举办的专修学院。至此可按办
学性质将高等教育机构分为公立与民营两类。

（三）按管理所属的分类

高等学校在相当长时间内被划分为中央各部门系统举办和地方省、

①　曾昭伦：《高等学校的"专业"设置问题》，《人民教育》1952 年第 9 期。

②　胡建华：《现代中国大学制度的原点：50 年代初期的大学改革》，南京师范大学出版
社 2001 年版，第 57 页。

市举办两类。经过"几次上收"和"几次下放",全国逐步形成了中央和地方"条块分割"的高等教育体制。如在 1954 年,全国高等学校 188 所,由省、自治区、直辖市管理的只有 17 所;1955 年,全国 227 所高等学校被全部划归由高等教育部和中央业务部门领导;1958 年,全国 229 所高等学校中的 187 所又被下放地方领导;1965 年,全国高等学校 434 所,高等教育部门、中央业务部门、地方政府管理的分别有 34 所、149 所和 251 所;"文化大革命"十年,除设在北京的由中央业务部门管理的以外,其他高等学校都由地方管理。①

（四）按教学形式的分类

在"教育为无产阶级的政府服务、教育与生产劳动相结合"的教育工作方针指引下,发展多种形式的高等教育是当时适应国家对高级专门人才需求的现实举措。1957 年 11 月,刘少奇同志首先提出了"两种教育制度、两种劳动制度"的设想,前者即在全日制、半工半读的学校教育制度,他依此将学校分为相应的两种类型。1958 年 9 月 19 日国务院发出的《关于教育工作的指示》,将学校分为三类:全日制学校、半工半读学校、各种形式的业余学校。② 三类学校中有担负提高任务的学校,第一类学校有着完备的课程体系,注重自身的教学科研质量和学校水平;而后两类学校的任务是尽快地普及教育。

（五）按重点层次的分类

自国民经济社会发展"一五"计划以来,中国就开始设立各种重点院校。通过多年反复的圈定式规划,各机构因此事实上被划分为"重点"与"非重点"两大类。其间于 1954 年（6 所）、1959 年（16 所）、1960 年（64 所）和 1963 年（68 所）、1978 年至 1981 年（96 所）分四批圈定了重点大学。而至 1984 年,国务院决定拨专款在原有重点大学中选择北京大学、清华大学等 10 所高校予以重点建设。不断实施的重点大学工程,使中国高等学校被划分成年轮般的圈层结构,构成了重点、次重点、非重点等院校的层级结构。

---

① 改革开放 30 年中国教育改革与发展课题组:《教育大国的崛起:1978—2008》,教育科学出版社 2008 年版,第 88—89 页。

② 中国共产党中央委员会、国务院:《中国共产党中央委员会、国务院关于教育工作的指示》,《中华人民共和国国务院公报》1957 年第 27 期。

二　"体制改革"与类型多样化（1985—1997 年）

改革开放之初各项工作的全面恢复，为教育事业的发展奠定了良好的基础。1985 年 5 月，《中共中央关于教育体制改革的决定》（以下简称《决定》）率先提出应从教育体制入手系统地推进教育改革，同时从管理权限、结构调整等方面提出改革方向。1993 年 2 月发布的《中国教育改革和发展纲要》（以下简称《纲要》）、1995 年 5 月《关于深化高等教育体制改革的若干意见》（以下简称《意见》）可看作《决定》的落实文件。此间，出台了一系列配套的法律法规和政策文件，如《普通高等学校设置暂行条例》（1986 年）、《教育法》（1995 年）、《中华人民共和国职业教育法》（1996 年）等。

高等教育领域改革表现出如下特征：（1）以服务于经济社会发展为导向。这些改革往往都不是自发的、内生的，而是与经济体制改革紧密相连。（2）体制改革的内容广泛。具体涉及办学体制改革、管理体制改革、办学经费筹措体制改革、招生就业体制改革、学校内部管理体制改革和后勤社会化等方面。（3）改革的方式是逐渐引入市场机制，强调法律法规建设，突出对院校办学效益和效率的要求。

随着体制改革范围的不断扩展，一些新的高等教育机构出现并逐渐壮大，高等学校层次类型呈现出多样化的发展趋势。

（一）高等职业学校

新中国成立后，中国逐渐建立起了以初等和中等技工学校、职业中学为主体的职业教育体系，高等教育则以培养高级专门人才为主，一般不涉及职业教育。而到 1980 年后，为满足本地区经济社会建设对各类应用型人才的需要，中国一些地方出现了一类新型的地方大学——职业大学。《决定》则明确提出了职业教育在教育分流中的作用，指出"高中毕业生一部分升入普通大学，一部分接受高等职业技术教育"。到 1996 年，全国有高等职业技术学院 37 所，职业大学 73 所，高等技术专科学校 3 所，举办五年制高等职业教育班的中专学校 14 所。[①]《普通

---

① 改革开放 30 年中国教育改革与发展课题组：《教育大国的崛起：1978—2008》，教育科学出版社 2008 年版，第 232 页。

高等学校设置暂行条例》（1986 年）、《中华人民共和国职业教育法》（1996 年）等相关法律和文件也对高等职业学校的办学活动作出了具体规定。

（二）民办高等教育机构

源于 20 世纪 80 年代初的民办高等教育机构得到了长足发展。《决定》明确指出，"地方要鼓励和指导国营企业、社会团体和个人办学。"原国家教委 1987 年颁布实施的《关于社会力量办学的若干暂行规定》、1997 年颁布实施的《社会力量办学条例》都对民办高等教育机构的办学行为作出了具体规定，在《纲要》所提出的"积极鼓励、大力支持、正确引导、加强管理"的"十六字"方针指导下，民办高等学校由1991 年的 450 所猛增到 1997 年的 1252 所。[1] 这类机构又可分为三种，一是从事自考教育的机构。学校组织学生进行自考教学和相关考试，学生全部科目合格后取得国家承认的学历文凭；二是以国家学历文凭考试为目标的机构。招生对象为高考落榜生，录取标准为当年的高考成绩。组织学生进行全日制学习，主干课目参加自学考试，部分课目由当地教育部门和学校组织考试；三是国家承认学历的机构。除管理权限以外，学校办学活动与公办普通高校相同。[2]

（三）中心城市举办高等学校

这里所说的"中心城市"主要指经济发达区域的地区一级城市。中心城市办大学自 20 世纪 70 年代末 80 年代初就已出现，它以培养本地区发展所需的专门人才为主，许多机构最初就属于高等职业院校。1995年《决定》明确指出，"为了调动各级政府办学的积极性，实行中央、省（自治区、直辖市）、中心城市三级办学的体制。"经过改革开放以来 10 多年的发展，中心城市办大学得到了极大的发展，层次上也不限于专科教育。到 1994 年，全国普通高等学校数量最多时是 1080 所，其中原国家教委直属院校 35 所，中央 63 个业务部门和单位所属学校 325所，分别占全国普通高校总数的 3.24% 和 30%；省、自治区、直辖市

---

① 柯佑祥：《中国私立（民办）大学百年》，载潘懋元《中国高等教育百年》，广东高等教育出版社 2003 年版，第 250 页。

② 董孟怀等：《百年教育回眸》，中国经济出版社 2000 年版，第 290 页。

所属学校 713 所；民办学校 7 所；中心城市办学约占 22%。① 而随着 1993 年《纲要》的出台和逐步施行，在中央与地方的关系上中国重新确立了中央与省"分级管理、分级负责"的管理体制，地方高等教育的管理责任和权力都交由省、自治区、直辖市，中心城市办高校都下放到省级政府直接管辖，充实了地方高等教育办学体制和形式。

（四）"211 大学"与"研究生院"大学

重点大学政策得到了进一步调适，国家于"七五"期间开始高等学校"重中之重"的建设，这类机构从"七五"期间的 5 所增至"八五"期间的 11 所。"九五"建设期间，中央和国务院在同意原国家教委相关意见的基础上，决定实施"211 工程"，即"集中中央和地方等各方的力量，办好 100 所左右重点大学和一批重点学科、专业"。从 1996 年开始直到 1997 年底该项工程经过两期建设，先后有 16 所和 27 所机构被增纳到重点大学之列。在这些机构中，又存在着层次的划分，如北大、清华两校属于"首先重点建设"的高校，少数高校进入"着重提高和改善"的层次，它们在建设经费的安排上也存在一定的差异，这事实上构成了中国高等学校的又一种类型体系。②

与此同时，高等学校研究生院设置得到了扩充和规范。新中国最早的研究生院是于 1978 年成立的中国科学技术大学研究生院（即后来的中国科学院研究生院），1984 年至 1986 年 4 月，经国务院批准，先后有 22 所和 10 所高等学校开始试办研究生院。在此基础上，1995 年 10 月 9 日，原国家教育委员会制定并下发了《研究生院设置暂行规定》，对举办研究生院的高等学校应当具备的条件、研究生院应当履行的职责等都作了明确规定。这标志着"研究生院"大学的诞生。

三　"大发展、大提高"与类型分化（1998 年至今）

周远清曾经用"大改革大发展大提高"九个字高度概括了改革开放

---

①　朱开轩：《积极推进高等教育体制改革》，《中国高等教育》1995 年第 1 期。

②　龚放：《"211 工程"建设：由来、进展、研讨与展望》，载厦门大学高教所《两岸大学教育学术研讨会论文集》，厦门大学出版社 1998 年版，第 273—276 页。

以来高等教育所经历的突破性进展。① 如果说"大改革"主要是指自1985 年《中共中央关于教育体制改革的决定》和1992 年第四次全国高等教育工作会议以来中国高等教育的开放政策、体制改革和教学改革，那么"大发展、大提高"则是在此基础上高等教育由追求规模扩张向全面提升质量的发展模式转变。

1998—2009 年《全国教育事业发展统计公报》显示，2009 年，全国普通高等学校数、本专科招生数、在学人数分别是1998 年的2.3 倍、5.9 倍和6.3 倍。在此11 年间，普通高等学校本专科生招生的年均增长率为13%，1999—2005 年扩招的增量和增幅非常显著。同时，高等教育毛入学率也由1998 年的9.8% 逐步提升到2009 年的24.2%，平均每年提高1 个百分点，并于2002 年提前3 年完成了《教育事业发展第十个五年计划》设定的实现高等教育大众化的政策目标。

"大发展"为高等教育的发展奠定了数量基础，为进一步保证高等教育质量，这段时期国家先后出台了一系列重大举措。比较典型的有：1998 年5 月正式启动建设"985 工程"、2003 年启动"普通高等学校本科教学工作水平评估"、2004 年启动"高职高专院校人才培养工作水平评估"、2005 年起开展对获得学位授权满6 年的博士和硕士学位授权点进行定期评估、2007 年起开展对独立学院的评估试点工作、2007 年正式启动"高等学校本科教学质量与教学改革工程"、2009 年启动的"基础学科拔尖学生培养试验计划"等。

高等教育规模的大发展和质量的大提高，满足了社会各界对多样化高等教育的需求，也催生了一些新的高等教育机构。

（一）独立学院

独立学院（民办二级学院）兴起于1999 年，指由普通本科高校按新机制、新模式举办的本科层次的二级学院。《独立学院设置与管理办法》（2008 年）明确地将其界定为"实施本科以上学历教育的普通高等学校与国家机构以外的社会组织或者个人合作，利用非国家财政性经费举办的实施本科学历教育的高等学校"。这种机构带有公办民助的性质，

---

① 周远清：《大改革大发展大提高——中国高等教育30 年的回顾与展望》，《中国高教研究》2008 年第1 期。

是传统公办和民办高等学校的中间类型。根据举办者的构成和办学资源来源情况，早期的独立学院可分为 7 类：公司、企业与高校合作举办，政府与高校合作举办，校办企业举办，高校举办"校外校"，高校举办"校中校"，高校租赁校园举办，民办学校依附发展等。①

（二）新建本科院校

1998 年以来，大批的新建本科院校以多种方式得以出现。"仅1998—2005 年，中国共新建本科院校 198 所，使新建本科院校总数达到 400 所，占中国本科院校总数的 57％。"② 新建本科院校从升本的方式看，可分为独立升本和联合升本两类；从学科和专业特点看，则可分为综合性或多科性院校、师范院校和以工医财经等学科专业为主的院校。③ 随着高等教育管理体制改革的深入，高等学校"条块分割"的体制和格局被逐渐打破。特别是在 1998—2000 年间，通过"共建、调整、合作、合并"等多种方式，一批地方和部属专科院校得以升级为新建本科院校。

（三）合并（多校区）院校

长期以来，办学经费不足一直是制约中国高等教育规模化发展的瓶颈，而现有的高等教育资源又不能得到合理利用，高等学校办学效率不高。为提高高等教育规模效益，在前期管理体制改革的基础上，国家通过合并、划转等方式大幅减少了中央业务部门所属高校的数量。教育部网站相关数据显示，从 1990 年至 2006 年 5 月 15 日，中国共进行了 431 次高等学校合并，因此而减少的高等教育机构数达 650 余所，高等学校合并在1998—2003 年达到了高潮。经合并后的院校，有些因原机构地理位置并不相连，成为多校区院校。合并（多校区）院校的诞生大幅提高了中国高等学校的规模效益，为大扩招目标的顺利完成奠定了坚实的基础。

（四）"985 大学"与研究型大学、一流大学

重点大学建设并未止步，比较典型的就是"985 工程"。1999 年 1

---

① 文东茅：《独立学院的形成与发展》，载杨东平《2005：中国教育发展报告》，社会科学文献出版社 2006 年版，第 182—195 页。

② 熊志翔：《新建本科院校的"新建期"探析》，《高教探索》2007 年第 1 期。

③ 杨涛、王兴林、童文胜：《新建本科院校发展之路探索》，《高等教育研究》2007 年第11 期。

月,《面向 21 世纪教育振兴行动计划》得到了国务院的批准,"985 工程"开始以"2 + X"的模式得以实施。该项目已实施两期,被列入计划的高等学校达 39 所,其中北京大学和清华大学以建设"世界一流大学"为办学目标,另一些则定位于"国内一流、国际知名高水平大学",其他的则以"国内外知名的高水平大学"为目标。还有一些未进入"985 工程"的"211 工程"大学则于 2006 年被纳入"优秀学科创新平台"之中,采用"985 工程"科技创新平台建设模式建设。

"985 工程"高等学校是综合办学实力最强、研究生教育最为发达、科学研究和知识生产活动最为集中的机构,它们与国外高水平大学有许多相同的特征,因而在社会和一些研究者的眼中被当成中国研究型大学的典型。同时,以建设世界一流大学和学科为目标的"985 工程"也影响着其他高校的定位目标,除北京大学和清华大学外的一些高校也定位于世界一流大学,许多高校纷纷提出了本省或本地区、本学科门类或行业等诸类"一流"大学的办学目标。

(五)"国家示范性高等职业院校"

在《高等教育法》《高等职业学校设置标准(暂行)》等法律法规指导下,高等职业教育在这段时期也得到了长足发展。为提高高等职业院校办学实力,教育部和财政部于 2006 年 11 月正式启动"国家示范性高等职业院校建设计划",计划在"十一五"期间安排 20 亿元重点建设 100 所高水平示范院校。2010 年 7 月,教育部、财政部又联合下发了《关于进一步推进"国家示范性高等职业院校建设计划"实施工作的通知》(教高 [2010] 8 号),国家将在原有已建设 100 所"国家示范性高等职业院校"的基础上,新增 100 所左右"骨干高职院校"。

大学"像动物和植物一样地向前进化","任何类型的大学都是遗传与环境的产物"[1]。随着新型高等学校的大量涌现,旧机构因职能和社会角色的调整显露出多维特征。各级政府出台的各项工程促使高等教育资源和政策导向集中化的趋势日益明显,加剧了高等教育内部竞争,

---

① [英]阿什比:《科技发达时代的大学教育》,滕大春、滕大生译,人民教育出版社 1983 年版,第 7 页。

使院校层次进一步分化，高等教育多样化更多地表现为事实的层级化。这是学界、高等学校、教育主管部门和社会都不愿看到的结果。

第二节　高等学校分类研究的困境

伴随高等教育结构的变化，传统机构分类法正逐步失去其作为系统管理和个体发展定位标杆的作用。高等学校分类研究逐渐得到学界的重视，但多年的探索成效不大。相关研究表现出理论与实践相脱离的迹象。为探寻理论研究的困境及其原因，有必要对相关研究进行研究，以明晰中国高等学校分类问题的特征和破解之道。

一　高等学校分类研究的节点问题

许多论者对中国高等学校分类中所存在的问题进行了总结和归纳，概括起来主要有以下几种观点。

（一）分类标准：过分偏重学术研究从而失去对实践的指导

高等学校分类法一直在学术性与实用性间徘徊，"学者模式"纯学术研究以描述为研究指向，往往从高等学校的逻辑起点推导出分类维度和指标体系，经量化研究形成分类法，并对分类结果作出具体阐述。实践层面高等学校分类法主要基于管理上的考虑，如资源利用率的最大化、系统结构优化调整、高等教育公平等。有研究便指出了这样的一个"奇怪的现象"："市场力量带来的高等教育系统的多样化导致了高等教育机构分类的出现，而已有的高等教育机构分类却以学术性为主要取向，不能充分地反映市场力量对高等教育系统的影响。"[1] 这种"过于学术性"的研究也会降低其可操作性。

（二）分类结果：多元化的、层级式的类型命名方式

高等教育机构名称是分类者对机构特征高度抽象和概括后的产物。多数分类者都提出过机构分类法，基本设计思路是以高等教育的职能为基点，偏重于人才培养和科学研究。但是，"在分类类型名称方面，中

---

[1]　林莉：《从学术到市场：高等教育机构分类的价值取向》，《清华大学教育研究》2004年第6期。

国高等学校分类法虽然采用的标准是相似的，但对划分出来的类型却采用了不同的名称进行命名"。① 所谓的"三分法"、"四分法"还是多分法，基本上与中国现已存在的高等学校"圈层结构"是重合的。论者们彼此互不认同对方的分类法，其中的原因有如"忽略了人才培养的社会服务面向"、"在对待高校层次提升问题上自相矛盾"、"理论引进中比较分析不够"②。

（三）分类的方法和技术：数据的可得性、分类原则和标准的确立

不当分类方法和技术的使用制约了分类结果的科学性，其中以"理论引进中比较分析不够"和"缺乏可靠的数据支撑"最为典型。③国内一些分类法模仿卡内基分类法的痕迹比较明显。尽管"从世界范围来看，美国卡内基高等教育机构分类是最细致、最清楚而又符合高等教育发展规律、符合美国国情的一种分类，可引为借鉴。对中国高等教育机构分类标准，必须另做专门研究"④。由于缺乏全面、可靠的机构数据，使得分类研究多以主观思辨为主。一些研究止步于提出比较细致的分类标准、指标体系。某些实证分类研究的分类标准较为单一，尚不能揭示机构多维特征，因此，"理想的分类标准应该是能够全面体现大学的本质属性的多元的分类标准。"⑤

（四）分类主体：政府在分类活动中的权责

高等教育的利益相关者都需要特定的院校分类法，对谁应该成为分类主体的讨论，聚焦于这些主体身份的"合法性"和有效性。传统上，政府一直是中国高等学校分类的主导力量，各类机构的萌生和发展无不是在教育主管部门的引导和规划下实现的。应对高等教育机构办学层次求高、规模求大、学科求全、趋同发展的"无序"状态，政府更有责任加强分类指导和管理。有论者也认为，高等学校分类"是指在国家教育行政部门主持下，组织高等教育研究机构或专家、学者根据一定的标

①　宋中英、雷庆：《高等学校分类标准和类型名称探析》，《高教探索》2009 年第 6 期。

②　杨兴林：《"四分法"理论的重新审视与中国高校分类的再思考》，《高教探索》2007年第 1 期。

③　宋中英、雷庆：《中国高等学校分类及其走向》，《教育发展研究》2008 年第 13—14 期。

④　沈红：《美国研究型大学形成与发展》，华中科技大学出版社 2004 年版，第 262 页。

⑤　杜瑛、戚业国：《高等学校分类的历史与比较研究》，《江苏高教》2005 年第 3 期。

准将高等学校划分为不同的类别或能级"。①

综上所述，论者们对中国高等学校分类研究的批判主要集中在分类标准、分类结果、分类的方法和技术、分类主体等方面，其中的许多问题与分类的结果直接相关。这些批判的背后反映出中国高等学校分类问题的复杂性。

二　高等学校分类研究的几个悖论

高等学校分类主体、分类目的的多元性决定了类型体系设计的复杂性和多维性，进而增加了分类体系的设计难度，从而令分类法在类型体系的形成机制、统一性和用途等方面表现出多面的矛盾性。

（一）类型体系的形成机制：政府主导、社会干预和高校自主如何形成合力

先有对机构类型的概念性分类、机构遵照这种类型体系架构发展，还是任由个体机构按照市场秩序自发地演化、进而自由地生成高等学校的类型体系呢？学界对这种表面上看似难以解决的"鸡生蛋还是蛋生鸡"问题的回答是矛盾的，但又是统一的。政府主导的作用在于通过"分类引导"而非"管制"，建立高等学校自主定位的参照系，从而避免个体在自生秩序下的"诸侯"混战；② 社会无疑也是类型体系生成的重要力量，这是因为"环境变化的复杂性"、"高校对自身认识的局限性"、"了解国家乃至世界高等教育发展信息的不对称性"、"人的主观认识的局限"等原因，必须在研究社会需求和把握高等教育发展规律的基础上，从社会和行政两个维度来影响高校自主定位。③ 依此，理想化的类型体系生成机制应该是：政府通过行政力量设定分类标准，个体机构在分析社会需求的前提下，借此进行自主定位。

然而，如何确保政府、社会和高校三个主体都朝向这种美好的类型体系迈进呢？正如同伯顿·克拉克的高等教育"三角协调模式"一样，政

---

① 陈厚丰：《浅论高等学校分类与定位的若干理论问题》，《中国高教研究》2003 年第11 期。

② 陈厚丰：《高校定位：自生秩序与分类引导有机结合——兼与邓耀彩博士商榷》，《高等教育研究》2006 年第6 期。

③ 何超：《高校定位与高等教育系统秩序的形成》，《高等教育研究》2007 年第2 期。

府权力、学术权威和市场几乎都不处于这个等边三角形的中心。高等学校的类型体系的生成同样如此，虽然理论上政府、社会和高校都是高等教育秩序的作用力，但它们所表现出来的力度大小和向度无疑是不等的。那么，问题又回到了论者之前的争论，即"现阶段中国高等学校的定位机制应该强调自生秩序还是应该强调管制"。① 何况，三个主体各自演绎的分类逻辑并不一致。政府虽力促高等教育系统的横向多样化，但这却会因高等学校对地位和等级向上流动的崇尚所消解，而社会的参与也是其以对高等教育功能的索求为前提的，它的作用结果可能偏向政府，也可能与高等学校自主竞争的结果不谋而合。

（二）类型体系的"兼容性"：公认体系、科学体系和操作体系如何共存

学界对建立高等学校分类体系的期望常常可归纳为三种类型："公认体系""科学体系"和"操作体系"。"公认的"高等学校分类体系应当是能引起高等学校及其利益相关者形成共识的机构类型架构。同时，对"科学的"分类体系的向往当然是出于优化个体高等学校功用的需要，而并不是为了研制适用于所有情境或目的的万能的类型体系，更不是在于探寻一种无价值倾向的、绝对客观的高等学校"元类型"。与此相对但又比较相似，操作体系即可用于对高等学校进行分类管理的类型体系，则主要是指满足于宏观高等教育管理者对机构进行分类引导需要的管理体系。

事实上，我们无法找到一种万能的、同时具备以上特征的高等学校类型体系。首先，公认体系与科学体系并不对等。由于涉及诸多主体和信息不对称，能成为公认体系的往往是那些依认识习惯和历史沉淀而得到的机构类型，类型体系是否科学合理并非是其公认化的主要依据。而科学体系，若要得到公认，其中涉及的利益冲突和制度平台比较复杂，这会令该分类体系进入公众眼球的机制和渠道受阻。同样地，公认体系也不总与操作体系重合。操作体系是高等教育管理者的工具，公众的广泛支持、管理者的便利和价值偏好是其合法化与制度化的基础。此外，科学体系与操作体系差异更加明显。科学体系本质上一种研究体系，更

① 邓耀彩：《高校定位：自生秩序还是管制》，《高等教育研究》2006 年第 2 期。

侧重于机构理论上的"应然"特征的划分，通常比较理想化和学术化，而这却极大地降低了其可操作性。

不管论者们如何界定和提出新的机构类型，如何批判现实高等学校分类体系，他们所提及的以上三种分类体系其实都服务于高等教育结构优化这个单一目的。然而，如何达到类型体系科学与实用性、实现效率与公平的综合呢？多维度的、多指标体系的分类体系或许是一种解决之道，但如果同样基于这样的分类目的，则无疑会进一步增加构建"公认的"、"科学的"和"便于操作的"类型体系的难度，甚至反衬出同时具备这些特征的类型体系所固有的矛盾性。

（三）类型体系的用途：写实性与预测性如何兼顾

以时间为轴重新划分，我们会得到两套不同的机构类型框架：其一，面向现实或历史的后验性体系，如实地刻画业已存在的高等学校类型；其二，面向未来的先验性体系，预示着未来高等教育结构调整的方向和目标。目前几乎所有的高等教育机构分类体系甚至评价体系都应被归为前者，比如卡内基高等教育机构分类法、欧洲高等教育机构分类法、"国际教育标准分类"（ISCED 1997）、所有版本的大学排行榜和评价系统等。国家或区域层面的高等教育发展政策，如加州高等教育系统总体规划（1960 年）、英国历史上的高等教育"双重制"则理应被划为规划式的分类体系之列。

中国高等学校分类研究显然是要促成后一种规划式体系，用以调整现有的高等教育结构。与国外国家或区域层面政策相比，中国的这种高等学校分类体系更像一把理想化的、标准化的度量工具，一方面可被用作评价现有高等教育系统的优劣程度，衡量各类机构的层次、科类、布局等结构的均衡性；另一方面则可被当作未来高等教育系统发展的参照系，影响个体的战略规划，纠正其非理性的定位目标。伴随高等教育的大众化或普及化，分类体系"从描述性、写实性延伸为兼有预测性、引导性等，其功能已经从个体的认识工具逐步扩展为群体的认识、统计、分析和管理工具"。[①]

高等学校分类体系的写实和预测功用，表面上看可以共存，但几乎

---

①　陈厚丰：《国外高等教育分类研究述评》，《高等教育研究》2007 年第 9 期。

是一种理想状态。机构类型体系的写实功能是通过对现实高等学校类型的抽象、概括而得到的，绝不能刻意创建出新的类型体系；而具有预测功能的分类法是面向未来的、动态的，甚至是现实并不存在的机构概念类型，更多的是借助演绎法，根据未来高等教育的发展需要，有必要削减现有类型或者增设新的类型。因此，从方法论层面上看，要研制这样的一种分类法也是矛盾的。

三　高等学校分类研究的问题域重审

以上归纳显示，中国高等学校分类研究有别于国外典型的"学者模式"的描述式分类研究，该研究领域被泛化和转移的背后反映出分类实践活动的复杂性。事实上，我们需要深入分析该研究的问题域。

（一）中国高等学校分类是一个理论问题还是实践问题

中国高等学校分类的实践远早于相关理论研究。晚清时代新式学堂延伸出的各式现代高等教育机构以服务于"富国强兵"、"师夷长技以制夷"这样的国家目的；"院系调整"重构高等教育系统，目的在于使高等教育更好地适应经济社会发展需要。中国现代高等教育的演化几乎都是在"政治论"哲学下实现的，机构类型规则通过实施各类机构设置标准、强化质量监控和评估等手段生成。客观地讲，高等教育机构的分类发展是后发外生型国家借诸实现经济社会现代化的典型模式。

然而，实践层面明确提出高等学校分类还只是近 30 年的事。早在 1986 年 3 月，时任国务院副总理兼国家教委主任李鹏提出，为形成合理的人才结构，各高等学校应当有所分工，按不同重点进行人才培养。他认为中国的高校可分为三类：一是少数有条件的学校，同时培养本科生、硕士生、博士生，但以培养高层次人才为主，逐步形成教育中心和科研中心；二是较多的院校，以本科教育为主，围绕教学开展科研和学术活动；三是足够数量的专科院校，以教学为主。① 1993 年《中国教育改革和发展纲要》及其实施意见，2010 年《国家中长期教育改革和发展规划纲要（2010—2020 年）》等政策文件，均提出分类发展的相关要

---

① 金红梅：《高等学校分层次办学政策的实施机制研究》，《辽宁教育研究》2005 年第 10 期。

求。可见，高等学校分类在中国是一个实践问题，建立学者模式的描述式分类体系未必是其终极研究指向所在。

（二）"世界性难题"要解决什么问题

潘懋元教授曾将高等学校分类问题形容为一个"世界性难题"："我所指的，不是特定制度上的分类，如公立（国立）与私立、全日制与部分时间制、正规与非正规等等，而是培养目标与类型的综合性的体制上的分类。① 作为类型划分，必须符合划分的逻辑规则；作为事业规划，必须具有可行性并为人们所认同。"② 为什么说它是世界难题呢？"因为面临着复杂交错的多种多样模式的高校，分类只能从现实出发，采用归纳法构建高等教育的层次、类型结构，使每所高校能够实事求是地确定自己在整个高等教育体制中的适当地位，并根据自己的定位找准可持续的发展方向；而不能从理论出发，采用演绎法脱离实际设想一个理想的框架，规范复杂交错的数以千计的高等学校。"③

对此，我们可以作出四个基本判断：首先，中国高等学校分类服务于高等教育结构调整的需要，借此形成适切的高等教育结构调整的依据和机制。其次，高等学校分类首要的是确定与高等教育功能和体制相适应、与高等学校的职能和类型相统一的分类标准。再次，高等学校分类研究的方法是归纳法，是从高等教育发展实际提取个体机构的分类标准，归纳总结后形成描述式的类型体系。最后，高等学校分类的目的在于服务于个体机构的定位。简言之，相关研究往往是带有以"分类"作为"定位"导向的价值追求，"世界性难题"的节点在于学术性分类与操作性分类、现实性分类与发展性分类的关系难以厘清。

（三）中国需要什么样的高等学校分类体系

回答这个问题需要作出一个前设性的判断，即中国是否存在高等学校分类体系？从民间评价体系、传统称谓、事实上分层体系等，我们至少可以总结出十余种中国高等学校的分类体系。学界对这些分类法存在广泛的质疑，概括起来有这样几种观点。

---

① 潘懋元：《分类、定位、特点、质量——当前中国高等教育发展中的若干问题》，《福建工程学院学报》2005 年第 2 期。

② 潘懋元、吴玫：《高等学校分类与定位问题》，《黄河科技大学学报》2005 年第 1 期。

③ 潘懋元：《分类与定位：高校可持续发展的关键》，《光明日报》2004 年 4 月 15 日。

第一，"落后说"。"院系调整"确立了按学科门类为依据的机构分类法，然而随着高等学校的大合并，单科性院校已为数不多，而综合性院校的内涵和数量得到扩充。同时，随着学科专业的多次调整，按学科类型所进行的划分却不仅未解决其固有的局限性（如师范、民族类院校就不是严格意义上的按学科类型划分的结果），而且未能跟上高等教育结构调整的步伐。

第二，"分层说"。高等学校分类的目的是指导个体机构的定位，以便形成有序的高等教育发展秩序，促使不同机构办出特色、发挥优势，以便在各自层次和类型中争创一流。然而，由于事实上存在的按重点与非重点划分、按办学主体划分而形成的高等学校"圈层结构"，为竞争有限的高等教育资源，个体机构间的竞争异化为对名望和地位、办学层次提升的追求。

第三，"不科学说"。在形成高等学校分层分类体系的过程中，政府的管理体制和资源导向作用失范，高等学校层类的形成机制是以政府对机构的期望为基础和假设的"钦定模式"，而不是依据机构实际职能的发挥和表现。这种分类法过于注重机构研究职能的发挥，忽视了社会对它们在人才培养方面的要求，而后者才是高等学校最基本的职能。

那么，我们需要什么样的高等学校分类体系？中国当然需要"公认的"、"科学的"或"合理的"高等学校分类体系，简言之，这种体系能及时反映中国高等教育层次和科类的现状，也能作为个体机构合理定位的参照系，更要符合高等教育自身的演化逻辑。

第三节　高等学校分类研究的
"理想分类法"

中国高等学校分类的理论研究与实践取向严重背离。一方面，高等教育的运行从来都是遵循分类发展、分类管理的逻辑，实践层面的类型体系基本是明晰的。另一方面，学界对这些分类法却又总是充满着不满，他们追求建立"公认的"、"科学的"分类体系的热情甚至超过了分类活动本身，以至于分类研究的本质和方法、分类法"被公认"的机制成了一个无须论证的领域。分类方法论是本节所要讨论的关键问题。

一　高等学校分类研究的本质

中国高等学校类型体系的诸多目的难以得到统合，表面上看是由于高等教育系统不断增加的复杂性造成的，深层原因则是"分类研究"的认识误区，从而将高等教育结构研究、高等教育系统研究、高等学校定位研究、高等学校评价研究等众多领域问题都纳入分类研究领域中，并被视为这些研究领域应当考虑的"前提性"问题。这里并非否认纯粹的分类研究之于高等教育研究的基础性意义，而是说，当前学界所划定的中国高等学校分类研究的问题域，并没有限定于如何划分、认识机构的层面，其终极目的当然不是为了建立一个统一的描述、概念化的类型体系，而是探讨一种能有效引导和规范个体机构、系统有序发展的定位标杆。

综上所述，中国高等学校分类研究的基点仍在于强化政府对于高等教育发展的宏观调控职能，它本身是一种官方模式的规划式分类研究或设置政策。

从研究目的上看，中国高等学校分类研究首先是一种高等教育政策研究，即为政策的研究。一般而言，政策研究有两大主要任务：研究政策的过程及政策过程中的知识，它因此包括"为政策"的研究以及"对政策"和其政策过程的研究。[①] 中国高等学校分类研究明显倾向于前者，是为了实现"高等学校分类发展"的"分类政策"研究。

从研究类型上看，中国高等学校分类研究属于高等教育结构研究，而不是严格意义上的分类研究。中国高等学校分类研究属于高等教育宏观结构研究，研究高等学校层次类型的动态分化和调整的相关政策，是对未来高等教育系统结构预设目标、实现方式的研究。严格意义上的高等学校分类研究，都只关注某一时间截面上高等学校的类型特征。换言之，高等学校分类研究将在某个时间截面描述多样的高等学校，而高等教育结构研究则关注院校角色和功能的动态差异。[②]

---

① Harold Dwight Lasswell, *Pre－view of Policy Science*, New York：American Elsevier, 1971, p. 1.

② Qiang Zha, *Diversification or Homogenization：How Chinese Governments Shape the Higher Education System*, Diss, Ontario：University of Toronto, 2006, p. 45.

从研究立场上看，中国高等学校分类源于对个体机构定位迷失的担忧，显然是出于高等教育管理者的立场。其基本假设是个体对高等教育资源竞争和地位向上流动的理性行为必然造成高等教育系统发展的集体非理性。可见，这种理想化的高等学校分类体系并不是有助于个体机构分层流动的"个人主义式"的战略规划宝典，相反，却正是被用以压制个体机构不断膨胀的办学目标求高、办学规模求大、学科发展求全所造成的升格和趋同的盲动状态的集体主义共识。

从研究范式来看，中国高等学校分类研究属于类型学的范畴。中国高等学校分类研究是要形成一种能指导未来高等教育发展、相对稳定的规划式分类体系，该分类结果之于这类研究的意义，工具性价值远大于类型体系本身。作为理想化的分类体系，它不仅是能对现实系统结构作出评价的类型体系标准，更重要的是能影射未来系统理想图景的参照系，从而成为主导高等教育评价、资源配置、管理活动的一种基本类型。

从研究范围来看，中国高等学校分类研究主要解决的是高等教育系统的发展方向问题。这种分类结果既然是一种面向未来的发展式、规划式的概念体系，就不应以纯粹的统计或认识个体机构为目的，否则我们就会在方法论问题上出现逻辑意义上的"诡辩"错误，正如我们不能用事实的存在证明所存在事实的合理性、用事实本身去衡量事实的正当性一样。这种分类法本质上是一种先验式体系，即现实中并不存在有待未来高等教育发展去证明或实现的类型体系。

因此，我们可将这种高等学校分类研究界定为一种特殊的高等学校设置研究。与通常所说的高等学校设置相比，高等学校分类的特殊性主要表现在如下几个方面：（1）设置依据的科学性和学术性，在宏观把握国民经济社会发展对高等教育要求的同时，更为主要的是基于院校现实职能实现和本质特征，而不是钦定式的发展预期；（2）设置手段的民主性，充分调动行业企业、学生和家长、社会中介组织、专业研究机构，特别是高等学校在类型体系设计中的主动性和积极性；（3）设置结果的竞争性，分类体系的结果随着高等教育发展实际而变化，允许院校在一定时期内自主选择发展类型，并依市场原理通过公平竞争实现定位目标，而不是一味告诫它们"安于定位"。

二　高等学校的"理想分类法"

综上所述，我们可以将中国高等学校分类的本质含义简要地界定为：中国高等学校分类是应对高等教育结构调整的需要，依照类型学研究范式，研制一套面向未来的高等学校概念类型；这种分类体系的本质是一种新型的高等学校设置政策，它具有先验性、指导性的特点。

如何得到这种高等学校类型体系呢？

这种类型体系首先是与未来经济社会需求相适应的。我们绝不能凭主观意志和历史经验设想出一套与高等教育外部环境完全脱离的体系，在知识经济和经济全球化浪潮席卷世界的时代，思辨能力再高超的智者都无法驾驭充满了不确定性的未来风险社会的"轴心机构"。对其他成熟分类体系的借鉴或对现实机构类型体系的描述如果不是立足未来经济社会发展状况来预测高等教育的未来图景，这样的研究都是不完全的。

这样的类型体系虽面向未来，但也是来源于现实的，是对现实高等教育体系的调适和改良。它必须基于一定的假设和标准，如实描述现实高等学校类型体系，进而才可能评判现有高等教育秩序的优劣状况、提出高等学校层类结构的诊断意见与调整方向，以避免对既有类型体系事实全盘颠覆所制造的高等教育系统的大震荡。从这个意义上说，了解现实高等学校分类体系也是研制高等学校规划式分类体系的前提。

当然，高等教育"政治论"哲学和功能实现的基础都应是高等教育的自在逻辑和秩序，高等学校分类体系的确立也应与高等教育的内在发展逻辑保持一致。否则，高等教育将会沦为社会风向标、政府机构附庸，从而失去其存在的合理性与合法性基础。因此，有必要系统梳理高等教育的演化史，进而归纳出高等学校的本然属性。

总之，中国高等学校分类研究迟迟未取得突出突破的重要原因在于对所研究问题本质不明，更在于方法论上的缺陷。当院校形态成为一种固定概念，为分类学或类型学范式所指时，反映的便是一种院校理想，规划式分类系统的机构指称意义也不外于此。它是对未来一定时期的高等教育内外界环境作出理性预测、对高等教育结构体系作出细致描述、将高等教育演化进程中表征出来的高等学校理想类型进行系统归纳综合的院校理想类型，笔者将得到这种"先验式"机构类型的方法称为高等学校分类的"理想分类法",具体可分解为以下三个步骤。

(一)抽取理想类型

首先是对高等教育系统的演化进程中的高等学校类型进行归纳。马丁·特罗所归纳和预测的从精英化到大众化再到普及化的系统进化特征,实际上并不为高等教育所独有,而是教育系统随着经济社会发展而不断升级的必然结果,所遵循的是事物由量变到质变的普遍规律。对各个发展段中的高等教育机构类型特征的系统归纳有望得到"本然"分类体系,这将为由大众化向普及化阶段过渡的中国高等教育系统提供可能的参照系和分析工具。得到这种体系的一种方法是理想类型法,正如马克斯·韦伯对国家类型等研究中所运用的方法那样,我们抽取各个历史阶段、不同国家的高等教育的最突出的特征,借此归纳形成高等教育机构的理想类型。

(二)描述现实类型

其次是对中国现实高等教育机构进行描述性分类,并参照高等学校的理想类型提出类型体系可能存在的问题。这更多的是一种反映客观事实的诊断性的分类研究。如前所述,中国官方和民间在多种场合使用了不同的高等学校分类体系,这些分类法都与特定的分类目的相适应,其中不少是由于传统高等教育管理政策和高等学校设置所造成的,是一种既定事实。对这些分类体系的描述实际上已没有太多实践意义。因此,应全面搜索高等学校的基本信息,参照前述的高等教育机构理想类型进行量化研究,多维度地展现机构的类型特征,以便清晰地描述中国高等学校的现实类型体系。

(三)预测发展分类

最后是对中国高等学校规划设置的研究,这是分类研究的终极目标和落脚点。这种面向未来的发展分类体系应具有引导性和科学性,它不是对现实机构类型体系的描述和复制,不同类型和层次高等学校概念和结构比例关系的提出都要基于对高等教育内外部政策的分析。这种体系同时更应具备可行性和可操作性,是现实高等学校"跳一跳、够得着"的规划设置目标,而不是设计出一套全新的高等学校分类法。因此,应根据中国未来一段时间经济社会和高等教育发展目标的预测,确定高等教育结构调整的战略目标和方向。借此,比照高等学校理想类型,基于中国现实类型体系提出未来高等学校的设置政策。

三　"理想分类法"中的混合范式

应对中国院校规划式分类研究特征，面向系统层面动态分类问题，单一分类学或类型学范式都无法胜任。笔者所提出的"理想分类法"便是一种综合两种路径的混合研究范式。

关于社会科学的研究方式，存在着不同研究范式界说，但定性研究与定量研究作为两种基本类型得到多数论者的认同。混合研究是在人文社会科学不断走向综合化的情况下，定性、定量研究整合后的产物。这三种范式的差别存在于建构知识观的哲学假设、形成研究策略的总体步骤，以及收集、分析数据和写作的详细步骤等方面。[①] 混合研究范式是数据收集、分析方法的综合，同时也是客观观察到的调查数据与主观建构的数据一种尝试，一定范围内它代表实用主义的研究途径。

分类活动中，分类学与类型学范式的独立运用是两种常用的研究途径。当用作一种宽泛的意指时，分类学是指整理事物特征的过程以及按这些特征将事物归组和归类的概念；类型学则指一种特定的分析过程，把研究对象分成结构类型，由此得到经验上可检验的分析单元，这是后来认识活动得以进行的工具。抛开研究技术层面的方法差异，两种范式的区别源于分类假设和认识论。类型体系或组织名称，用以描述组织形态还是主观建构一种类型体系？这就涉及一个认识论与本体论的问题：理论、不同分类技术的运用能改变主体吗？到底院校的本质是什么？甚至机构能被分类吗？

在传统的分类学上看，这些都不应称之为问题。哲学层面关于本体论与认识论关系的论述已经非常充分，唯物主义认为，世界当然是可知的、客观存在的，人类的认识是对客观自在世界的直接反映，正是因为世界之如此存在，决定了人类能感知到的世界便是如此形态。分类学范式只是验证了机构形态的正当性，相反，类型学范式却是对事物特征进行提炼、抽取，形成机构的主观印象。在描述现实的组织类型时，前者

---

① 约翰・W. 克雷斯威尔：《研究设计与写作指导：定性、定量与混合研究的路径》，崔延强译，重庆大学出版社 2007 年版，第 2 页。

无疑十分胜任，而在定位与分类相结合的高校规划式分类、设置政策时，主观概念的形成便要借助后者。这种机构概念既源于大学的本质特征，又能诊断现实院校系统结构所存在的问题，更为重要的是成为一种未来发展的意愿。这就类似马克斯·韦伯官僚制和对于政治权威的分类的用途，这也是本书所提示的"理想分类法"的目的所在。

"理想分类法"遵循"第三条路径"混合式分类研究范式进行研究。

1. 确定类型功用。高校分类不是单一的描述机构类型现实，而是建立一种指导个体发展的类型体系，优化调整系统层次类型结构，本质上是服务于管理者和个体需要的特殊的高校设置政策、高等教育系统结构研究，是"公认的""科学的"分类体系的应用指向。这种类型是源于现有系统结构的问题，组织间对层次组织竞争而造成的趋同发展、分工不明，也不能超脱大学本身的历史意蕴。组织类型是综合现实类型（分类学）、组织原型（类型学）的设置政策（类型学）。

2. 构建分类的理论基础。这种院校设置政策是一种发展类型，其确立依据来自管理者、院校、社会多方的需要。院校合理分工是高等教育系统管理者最大利益所在，精英与大众的矛盾如何得到缓解和统一？如何实现高等教育系统能力的最大解放？倡导组织层级划分的高等教育发展阶段论便是一个重要观点。院校层面，组织学视角将解释不同类型机构的本来形态特征，院校需要了解自身与原型组织的距离有多远。社会对高等学校不断提出新的要求，分析高等教育功能是分类活动的重要内容。这些构成了整个"理想分类法"的分析立场。

3. 提出机构概念。意义与指称的关系问题是分析哲学乃至整个哲学的一个具有根本重要性的问题。在确定高等学校分类类型名称时，总的原则是尽量使名称贴切地承载和表达高等学校的类型意义，同时还应该遵循可操作化的原则。① 高校名称是机构类型指称，而当我们试图用某一种语言符号表示现实世界中的大学时，受主体自身观点、话语体系、认识能力等差异，类型的语义并不能完全表达事物多面特征。但是不能因此而回避建立类型工具，我们需要综合经验、传统、现实分析，

---

① 宋中英、雷庆：《高等学校分类标准和类型名称探析》，《高教探索》2009 年第 6 期。

抽取形成高校类型概念，作为描述现实组织的依据，这实际上是一种理想类型，方法上是类型学范式的运用。

4. 收集所有机构的数据。意义世界里，高校理想类型是高校组织原型的近似物。现实组织分类活动过程中，我们视其为描述、分析、诊断、预测高等教育机构类型体系的研究工具，"理想分类法"更为强调这种类型的工具价值。对此，我们依照理想类型的核心维度，考虑数据的可得性、代表性，借助高校、政府的公开渠道，全面了解现实被分类高校的信息。

5. 选择分类维度和指标、运用适当的方法和技术分类。基于理想类型和机构数据，"理想类型法"运用聚类分析等统计技术进行分类，以知识、学科、专业等能反映高校组织特征的关键维度，建立分类指标，描述现实高校类型。在此基础上，通过对未来高等教育发展趋势的预测，提出系统的发展类型。这些都是一种分类学框架下的分析。

第四章　高等学校的理想类型：从语义到特征

为形成相对科学适切的、面向规划设置的高等学校类型，从本章开始，将分三章依次对高等学校的理想类型、现实类型和发展类型进行研究。知识经济社会的持续发展已令高等教育越发深入地步入社会中心，从而具备了多面特征的组织形式。如何认识这些机构因此成为一个必须回答的问题。马克斯·韦伯所倡导的"理想类型"，正是建立于经验体系但又高于经验体系的纯粹类型，是一种"概念上的纯净体"。以此构建的高等学校理想类型可从一定的侧面反映高等学校的本质，并可进一步用作描述高等学校经验体系、调整高等学校设置政策的对照工具。

第一节　理想类型法与高等学校类型学

理想类型法是德国著名社会学家马克斯·韦伯为克服德国人文主义和历史学派间过于个体化和特殊化倾向而提出的一种概念工具。理想类型最初出现在马克斯·韦伯于1904年发表的《社会科学和社会政策中的"客观性"》一文中，成为其解释社会学的研究方法之源。理想类型法同样也是高等学校分类的一种常用方法，高等学校类型学范式便是依此构建机构类型概念的典型研究路径。

一　理想类型的缘起与概念

理论渊源可能来自两个方面。

其一，马克斯·韦伯社会学方法论的观点深受新康德主义特别是海德堡学派的影响。该学派的代表人物李凯尔特认为，概念与现实间所存在的"非理性"的断裂或断层，是人们认识世界过程中面临的一大矛盾。矛盾的根源在于，认识能力的有限性使得人类无法全面地再现经验现实的纷繁复杂和"茫无边际的杂多"。而现实的"杂多"突出地表现在它具有连续的差异性，即现实之物渐变的转化而非飞跃的"连续性原理"、事物之间及其内部构成上"异质性原理"同时存在。化解这一矛盾的方法便是用概念改造现实，即将现实之物的连续的差异性改造为同质的连续性或异质的间断性，从而弥补人类有限认识能力的不足。那么，前一种方法便是自然科学的，后一种方法便是人文科学的。① 马克斯·韦伯一直坚持在社会科学研究中的价值中立原则，他认为，社会学若要成立真正的科学，就必须尽力消除研究中的主观随意成分，应该如自然科学那样建立一套客观严谨的概念体系，从而增强其系统性和严密性。

马克斯·韦伯基本同意李凯尔特对自然科学与人文科学间差异性的看法。但是，他也注意到这样会导致文化科学和自然科学在研究方法上的分野，从而造成历史主义与实证主义两套不同研究方法的对峙。马克斯·韦伯不愿意看到这样的结果，他认为，只要是科学客观性的知识都应该遵循同一种研究方法，文化科学方法同样应该是客观的、可以验证的，否则它就便失去了其科学的意义。马克斯·韦伯试图调和两类科学在方法论上的对立，他首先赞同新康德主义的立场，认为研究对象上差异固然存在，社会科学方法因此应具备有别于自然科学方法的个别化内容。同时，他又基于实证主义的观点指出，作为一门科学的社会科学也应该遵循一般科学的通则，研究方法上的选择和使用同样应该包含追求客观规律的内容。他据此提出了理想类型这一方法论工具。

其二，理想类型是柏拉图等人唯心主义观念固有传统的发展。以上对马克斯·韦伯建构"理想类型"意图的分析，主要基于一些马克斯·韦伯作品译者的观点。另一种代表性的看法是将其思想的方法论源泉归为柏拉图的"idea"，即"理念"或"理型"说哲学。作为西方客观唯心

① ［德］H. 李凯尔特：《文化科学和自然科学》，涂纪亮译，商务印书馆1991年版，第30—32页。

主义的创始人，柏拉图将世界分为"理念世界"和"现象世界"。现象
世界总是会随着时间和空间的变化而变化或消逝，它们是由现象构成
的、理念世界的反映。而世间一切事物的存在本质和根源都在于某种
"理念"，在这些"理念"之上又存在着一个最高的"总理"，只有这种
理念世界才是真实存在，才具有恒久不变的特征。柏拉图的这种哲学观
当然是片面的、不科学的，他对理性世界的强调和认识，显然陷入了客
观唯心主义的立场。尽管如此，这种"理念"或"理型"说对西方哲
学特别是唯理主义哲学的发展所起到的本体论和方法论的启示意义丝毫
都不能被低估，这也构成了西方思想和文化体系演进的一个重要源头。

　　实际上，"理想类型"一词就存在着多种译法，如理型、理念类
型、理想类型等。而马克斯·韦伯的"理想类型"实际上就是柏拉图
"理型"的社会学移植和表述。哲学本体论的"理型"在社会学方法论
上表现为"理想类型"，它们构成了西方哲学与科学乃至整个西方文明
的一个奠基性概念。在近代以来的科学发展中，人们对这种"理想类
型"的方法并不陌生，它在科学系统中的话语就是所谓的"模型建
构"，简称"建模"。①从这个意义上说，马克斯·韦伯并没有照搬柏拉
图"理念"论、坚守其客观唯心主义观点，而是去伪求真，将对"理
念世界"的追求转移为对社会科学的客观规律的探索，力图以客观中立
的研究态度解释现实世界。

　　什么是"理想类型"呢？认为，理想类型"在所有情况下，合乎
理性的也好，非理性的也好，它离开现实，并服务于认识现实。其形式
是通过表明一种历史现象接近这些概念中的一个或若干个的程度，可以
对这种现象进行归纳"②。理想类型同时也是一种"思想图像"，"这种
思想图像将历史活动的某些关系和事件联结到一个自身无矛盾的世界之
上面，这个世界是由设想出来的各种联系组成的，这种构想在内容上包
含着乌托邦的特征，这种乌托邦是通过在思想中强化实在中的某些因素

---

　　①　樊浩：《韦伯伦理—经济"理想类型"的道德哲学结构》，《北京大学学报（哲学·人
文科学·社会科学）》2005 年第 5 期。

　　②　［德］马克斯·韦伯：《经济与社会（上卷）》，林荣远译，商务印书馆 2006 年版，第
52 页。

而获得的。"①

从马克斯·韦伯的这些说法中不难发现，"理想类型"是通过对被认识世界或经验事实的归纳，进而突出地、片面地强调事物的某些特征，所总结出来的普遍的、理想化的概念体系；它在功能和表现形式上，类似于自然科学的一些定律，如物理学中关于物体匀速直线运动状态的表述、几何学上关于各种基本图形特征的表述等；这些理想化的模式都来源于现实，是在控制了外界条件之后事物所呈现出来的绝对化状况。有研究总结认为，马克斯·韦伯的著作中至少涉及三种不同的理想类型：历史的理想类型（如关于"新教伦理"的分析）、抽象的理想类型（如"科层制度"与"封建主义"）、行动类型等。②

二　理想类型的基本特征与适用

理想类型具有以下基本特征。

（一）理想化

本质上看，理想类型是研究者主观构建的结果，这种概念体系的演绎建立在对现实经验的概括和抽象基础之上，但却不是对现实社会的简单临摹和重现，而是对某些现象高度抽象化和典型化后形成的观念构建。作为一种理念，它只存在于人的观念世界中，而不可能在现实中找到完全相同的对应物。正如现实中的人从来都不是绝对的"经济人"、无法对人性进行简单的善恶二分一样，现实中的同类事物只能与理想类型相似或无限接近，而不能与之完全保持一致。在马克斯·韦伯看来，理想类型"就其概念的纯洁性来说，这种精神建构不可能通过经验在现实世界的任何地方发现。它是一种'乌托邦'"③。

（二）价值中立

价值无涉是马克斯·韦伯社会科学研究一贯主张和坚持的基本原则。

---

① ［德］马克斯·韦伯：《社会科学方法论》，韩水法、莫茜译，中央编译出版社2005年版，第39页。

② 张健：《新闻自由与经济自由的和谐与悖谬——美国新闻业编营分离制度研究》，复旦大学博士学位论文，2005年，第23—24页。

③ Weber Max, *The Methodology of the Social Science*, New York：The Free Press, 1949, p. 90.

理想类型概念的创设，正是他尽力调和人文科学与自然科学两类研究矛盾的必然结果。研究者很难摆脱自身主观思维的制约，这里因为任何研究都是在特定研究目的下进行的，研究者在选择研究方法、制订和实施研究计划等方面都受自身素质、研究习惯和价值偏好的影响。作为社会学科学研究对象的各类事物之间的联系也并非是完全"纯净的"，而是存在着复杂而多样的"价值关联"。研究者的任务就是试图剥离这些表象，发现和解释这些价值关联，从而在研究态度和研究结果的解释等方面做到"价值无涉"。这便是理想类型，正如马克斯·韦伯所言，"我们所说的'理想类型'与价值判断没有任何关联，除了纯逻辑的联系以外，它与任何种类的完美毫不相干。"①

（三）"片面的深刻"

由于被研究对象间广泛联系的存在，社会科学研究要面对一个比自然科学复杂得多的现实世界。它以人类社会现象为对象，这些现象背后的规律表现出隐蔽性、模糊性和多样性的特点。由于人的认识能力所限，这种研究近乎不能经穷尽所有经验事实进而构建普适的社会规律体系。"弱水三千，只取一瓢饮"。理想类型便是在特定的研究目的指引下，抽取和放大经验事实的某些代表性特征，并以此建立分析整个事物和经验世界的基础平台。马克斯·韦伯如是说，"一种理想类型是通过片面突出一个或更多的观点，通过综合许多弥漫的、无联系的、或多或少存在和偶尔又不存在的个别具体现象而形成的，这些现象根据那些被片面强调的观点而被整理到统一的分析结构中。"②

（四）非"假设"的认识工具

研究者主观构建的理想类型，往往只能反映观念世界的某些片面的、零散的特征。但是，对被研究对象的全面认识却正是通过这无数的片段综合反映出来的。研究者并非为了构建理想类型而从事这样的研究，而是通过研究所得到的概念体系指导社会认识实践。这种概念"不是目的，而是手段，服务于认识那些因个别观点而有意义的联系的目

---

① ［德］马克斯·韦伯：《社会科学方法论》，杨富斌译，华夏出版社 1999 年版，第 194 页。
② 同上书，第 186 页。

的"①。理想类型是对观念世界的客观反映，它既不是经验世界运动形式的必然归宿，而只是如统计学上的概率一样指明了事物发展的可能性；它也不是研究者主观设计某种假设，但却能为假设的提出提供有力的理论参考。

理想类型法便是通过构建理想类型进而用以分析客观世界的一种研究方法。这种研究方法构成了马克斯·韦伯解释社会学的主要工具，也成为社会科学研究中的一种经典范式。当研究对象比较复杂、事实间联系多样时，研究者可用以针对事实的某些特定特征进行分析，也可将其当作一种进行深入比较分析的分类工具，因为概念体系的形成只有基于经验的各种观念进行比较才能得到，而借助这些概念可对现实世界各种现象作出适当的解释。运用这种概念工具的代表性研究有伯尔曼的《法律与革命：西方法律传统的形成》、费孝通的《乡土中国》等。

自然科学研究发现和构建理论体系的手段比较多元，如实验法、观察法、思辨性推演等，这些方法并不能为社会科学研究所普遍适用，也不能借此得到理想类型。那么运用这种研究方法如何形成理想类型呢？由于理想类型源于现实、高于现实又能被用于指导认识现实，且只能从某些角度"片面地"反映观念世界的理想状况，这决定了理想类型的构建应该是一个在"次理想类型"和"次社会事实"间不断验证和调适的过程。因此，"在特定的社会事实的理想类型的构建过程中，社会事实成为逻辑归纳的起点。通过对力图实现社会事实本来的面貌所呈现出来的'改进型社会事实'的归纳、提炼和抽象，形成具有合理性的'限制理想类型'，从而实现从社会事实向理想类型的过渡和转换。"②

故可将理想类型法的应用方法大致概括为以下四点，这四个步骤循环构成了一个联结观念世界与社会事实的"认识环"：（1）界定范围。研究范围、研究对象的时空只有被适当限定才能被研究者充分驾驭，研究者有限的能力才能得到充分利用。（2）"分离"——确定研究目的和研究支点。研究者应根据研究的需要选择最具典型意义的事物特征和规

---

① ［德］马克斯·韦伯：《社会科学方法论》，杨富斌译，华夏出版社1999年版，第55页。

② 程启军、徐伟：《实证主义的潜设：在"社会事实"与"理想类型"的连续体之中的平衡》，《南京社会科学》2008年第1期。

律性因素，以此构建对繁杂事实进行分析和归纳的框架。（3）"抽象"——形成理想类型。根据一定的规则和逻辑关系，将所抽取出来的事物特征和规律性因素进行重组，通过放大、概念化使之形成特定的理想类型。（4）"比较"——解释现实世界。运用这些理想类型还原社会事实，解释这些社会现象发生发展的动力机制。在此基础上，调整甚至重新设计理想类型。

三　理想类型法与高等学校分类

理想类型法同样适用于高等学校分类研究，这主要是因为高等教育系统日益增加的复杂性、高等学校分类与其他问题存在着广泛的联系。

一方面，随着知识经济社会时代的到来，高等教育在国家和人们社会生活中的地位不断得到提升，社会对高等教育的需求越来越多元。高等教育机构被期望成为国家创新体系的主力军、社会的"良心"，更好地发挥其引领作用；也被要求成为联系知识与社会的枢纽组织，带动经济的发展和社会的进步；更要成为社会个体实现自身理想与报复、掌握生存技能的"前职业训练部门"，从而促进不同社会阶层的良性互动、实现真正的社会公平。高等学校在实现规模和功能扩张的同时，也将几乎所有的社会主体吸入到高等教育实践活动之中。

另一方面，从高等学校分类研究的类型来看，基于不同主体的分类或基于不同研究目的和范式的分类所关涉的问题相当广泛。政府或高等教育管理者对机构的分类在于保持整个系统的多样化和有序发展，社会则以高等教育使用者角度评判高等学校的表现，高等学校的规划和定位活动所涉及的是以高等教育资源的配置为核心的发展经济学。高等学校的多面属性使人们很难对机构的"应然"与"实然"属性特质和功用作出理性界定，更遑论建立用以指导个体定位的发展性类型体系。

因此，研究者的任务理应是剥离那些与高等学校本质和运行规律无关的组织表象，真实地描述不同机构的类型特征，而理想类型法就是有望达成这种基本类型的工具。

理想类型法在高等学校分类中的应用非常普遍。在高等学校分类的两种基本研究范式中，类型学范式便是遵循理想类型法构建出特定的高等学校概念体系的过程，这种概念体系进而可用以指导高等学校分类的经验研究，研究者可视其为写实性的分类学范式研究的起点，并在此基础上构建现实高等学校的类型假设。一些论者将高等学校分为研究型、教学型、研究教学型、教学研究型、服务型等类似的机构。那么，什么是研究型大学呢？这种源于 19 世纪上半叶德国柏林大学、发轫于 1876 年约翰·霍普金斯大学的机构，一直是美国大学模式的样板。它进而通过 1900 年成立的美国大学协会得到概念化，从而具有了现实的指称意义。显然，据此我们仍不能清晰地界定这类机构，卡内基分类法中曾出现的对研究 I、II 型大学的指标设计同样不能作为认识这类机构特质的原型。同样难以全面准确界定的是教学型大学和一些研究中提及的服务型大学。造成这种结果的根本原因在于，高等学校所应有的这三项基本职能，从来都是混合在一起的，现实中不存在完全偏向某种职能的机构。

　　尽管按职能划分高等学校仍是分类者们相对广泛地采用的分类法，但它更多的是一种理想类型。随着高等学校职能的不断扩大化，三大基本职能间的交集越来越大，研究、教学和社会服务职能事实上从来就无法被完全分离开来。同时，一些原本只具有其中特定职能的其他机构，如非大学的高等教育培训机构、具有研究生培养资格的科研院所、以传播知识为主要职能的图书馆，也会随着知识生产方式和传播技术的革新而被赋予原本传统高等教育机构才具有的职能。因此，这种分类法不仅难以清晰地描述高等学校的现实类型，即便作为理想类型也未必能反映高等学校的应有本质，它同样不能作为未来高等学校设置的参照系。

　　为此，在"分类—定位"框架下，本书将参照前述理想类型的构建方法，尝试构建新的高等学校理想类型。首先作出如下两点说明：

　　其一，界定研究范围——什么是高等学校。高等学校是中国高等教育实践中出现的特有词汇，这里指习惯上的普通高等学校，作为高等教育机构，高等学校与一般意义上所说的从事高等教育的其他机构，如大学、学院等是等同的。由于"高等学校"仅仅是对中国高等教育机构的特定称谓，考虑到指称上的兼容性，笔者用"大学"一词代替之，用以反映不同时空背景下对这种机构的综合认识。总之，高等学校在这里是一个高度抽象的集合概念。

　　其二，"分离"——研究目的和研究支点的确定。在中国，高等学校分类属于高等教育结构研究的范畴，服务于这种分类观的高等学校理想类型应反映机构间的层次和类型结构特征。这决定了选取那些能表现高等学校特征的材料时总是有倾向性的，其价值倾向或依据在于能切实反映高等教育结构的纵横演变规律。同时，高等学校的理想类型本质上是一种观念，随着人们对机构认识程度的深入而逐渐得到显现。

这里的"理想"一词同样并不包含对机构表现优劣好坏的价值判断，它也不是现实高等学校定位的奋斗目标或发展愿景，而是反映出对高等学校本质的客观表述。理念反映在人们的观念之中，在特定时期通过典型人物的论著得以呈现出来，如陈洪捷的《德国古典大学观及其对中国大学的影响》便是经分析大量第一手资料后抽取德国 19 世纪大学观念的核心概念。因此，为避免研究中的主观成份，本书将对不同时期的大学观念作进一步的"抽象"，以便形成所需的高等学校理想类型。

第二节　大学理想的语义流变

克拉克·克尔曾将大学演变史划分为三个阶段，即纽曼模式、洪堡模式和克尔模式。三个模式下大学现实与理想表现出极大的矛盾性，当新一轮大学变革业已开始、新大学模式呼之欲出时，人们对高等学校理想类型的追求却总是停留在过去。当约翰·亨利·纽曼四处疾呼他的大学理想之时，德国现代大学却已将科研与教学同等看待；而当弗莱克斯纳抒发对现代大学的看法时，大学早已不是那个视知识研究与传播为己任的单一机构了；而在现在看来，当克拉克·克尔一再重申和修正其多元巨型大学的理想时，大学的变革却与此渐行渐远，正不经意地实现了由多元向一元即对量化技术下的追求一流目标的转向。对此，我们可以说"历史的流逝比观察者的笔墨要快得多"，也可从论者的语言中探索之前的大学理想。

一　古典大学理想

大学是中世纪欧洲的产物。在中世纪的拉丁语中，大学同时由"stadium"和"universitas"表示，前者指称高等教育机构，后者才特指包括大学在内的行会组织。中世纪大学的组织特征与商人、工匠、猎人、农民、僧侣等人组成的其他各种行会组织无异，它是由教师和学生组成、用以共同维护高等教育活动秩序的自治性组织。这样便会产生两类行会，即以巴黎大学为代表的"教师行会"和以博洛尼亚大学为代表的"学生行会"。

"universitas"一词最初泛指行会组织，而随着16世纪中叶商品经济和手工业的进一步发展，行业开始衰落并逐渐被手工工场所取代。大学这种特殊的行会则被保留下来，进而在14世纪开始逐渐取得了"universitas"的"专属权"。在哈斯金斯看来，大学这种发端于教会组织的机构，直到12、13世纪才出现我们现在所熟悉的那些有组织性教育的特征，从而具备"永久性知识机构的组织形态"，成为"以系科、学院、学习课程、考试、毕业典礼和学位为代表的教育机构"①。从组织职能和运行机制上看，中世纪大学具有浓厚的宗教特质，并以教学为主要职能，对学生实施系统的分科教育，为学习和考试合格的学生授予学士、硕士和博士学位，以便使他们具有从事大学教学的从业资格。

作为西方学界对大学理想作出系统归纳的代表学者，约翰·亨利·纽曼对古典大学特别是"独立于教会时的大学"的本质作了全面的归纳。他心中的大学是以他所经历的英国古典大学为蓝本的。他于1816年进入英国牛津大学三一学院就读，并于1845年辞去奥里尔学院院士投身罗马主教。在牛津大学生活的近30年里，他经历了从学生到导师的身份转化，亲历了19世纪30—40年代间的试图恢复高教会派或天主教传统的牛津运动，牛津大学的办学模式和传统已成为他大学理想的现实基础。"从这个意义上说，纽曼的大学理想也是牛津和英国古典大学思想的代表，或者至少可以说从中得到了灵感和启示。"②

约翰·亨利·纽曼基于"理性"的观点提出自己对大学的看法，他的大学理想集中反映在他于1852年为宣传都柏林大学所作的一系列演讲中，其内容主要包括以下几个方面：

（一）大学的性质和目的。约翰·亨利·纽曼视大学为"一个传授

---

① Charles Homer Haskins, *The Rise of Universities* (*third edition*), New Brunswick, New Jersey: transaction publishers, 2007, pp. 3 – 4.

② 王晨：《保守主义的大学理想》，北京师范大学出版社 2008 年版，第 105 页。

普遍知识的地方"。"这意味着，一方面，大学的目的是理智的而非道德的；另一方面，它以传播和推广知识而非增扩知识为目的。"① 他对这种"普遍知识"的理解带有浓重的宗教色彩，这种知识是已经存在的、有待被发现的，而不能被创造。因而，他对大学目的的理解，与其说是对世俗化的、普遍的知识的向往，倒不如说是对普遍性真理的矢志追求。

（二）大学的功能。大学的功能是要全力地投身于知识传播，即培养良好的社会公民。大学得以存在的前提就在于保护才智的需要、就在于知识本身，要通过对学生的教育以使他们更好地履行其社会职责和服务于社会，并培养为了认识和探究真理的理性。他认为教学和科研是两个不同的事物，大学应与科学院进行教学和科研的分工，让大学专注于教学、科学院专攻研究。

（三）大学教育的原则、方法和内容。大学的教育无论是对学科还是对学生而言，都应该作为一个整体而存在。这是因为所有的知识都是相互联系的、共同形成一个整体，不同的学科都是其中的构成要素。尽管如此，这些学科却都有一个共同目标，即追求真理。因此，大学教育对参与其中的学生而言，也应坚持整体性原则，否则便会限制学生的发展、便会与追求真理的方向背道而驰。他所倡导的教育方式是一种自由的"绅士"式的教育，大学是从事教育而非教学的场所，普遍知识、自由知识或哲学知识应被纳入其中。

（四）自由教育与专业教育的关系。人们通常将两类教育的核心矛盾归结为知识的"无用"与"有用"之争。他并不反对专业教育是"有用的"，他从"自由教育是对理智的训练"立场出发，主张如果教育自身也成为一种目的，或者是从中掌握某种学科知识进而具备了相应的职业技能，或者是培养理智使得人们可以更好地追求真理，这都是"有用的"。真理作为各种知识分支所探究的共同目标，既有作为工作或职业所需力量的一面，也有作为提升个人心智水平的一面。

（五）大学与教会的关系。他试图重建大学的宗教传统，但他从不

---

① 约翰·亨利·纽曼：《大学的理想》，徐辉、顾建新、何曙荣译，浙江教育出版社2001年版，第1页。

承认也并不准备将大学重新归入各种教会组织名下。在他眼中，大学本应是一个不受外界包括宗教势力干涉的纯粹理性世界。但是，大学教育对理性真理的追求、对普通知识传播职能的履行都应被置于宗教教义之下。大学的知识体系不仅涉及宗教知识，更应将其作为一个普遍的条件。因此，大学实际上应是用宗教真理——绅士的宗教而非哲学家的宗教——作为其安身立命之本。

尽管约翰·亨利·纽曼与一般意义上的中世纪大学相隔数个世纪，但其以英国古典大学为参照构造的大学理想仍折射出中世纪大学的固有特征，即：大学以知识传播为基本功能，崇尚自由教育，与外界特别是宗教势力保持一种有距离的表面依附、实质却相对独立的关系。以此，我们可以将这种大学形容为自治的"象牙塔"。

二　近代大学理想

正如中世纪大学后的古典大学在英国逐渐壮大并作为一种经典的纽曼模式得以被系统表述一样，所谓的近代大学则是随着欧洲民族国家的崛起、高等教育的重要性得到张扬的产物。1810 年建立柏林洪堡大学就是一个历史性的事件，因为它标志着另一种大学模式的诞生，主宰了此后一定时期世界高等教育发展的主旋律，实现了高等教育中心由英国到德国的大转移。美国比较教育专家阿特巴赫在论及 19 世纪德国近代大学的影响时曾指出，"德国是第一个切实改变高等教育制度的欧洲国家，它为西欧、美国、日本以及在比较小的程度上讲，也为英国和法国，提供了一种大学的模式。"[①]

中世纪后期，欧洲传统大学逐渐摆脱对教会的依附，拥有了更大的办学自主权。与此同时，政府和政治力量开始介入到高等教育事务之中，世俗政权开始直接新建或资助一批大学，改变"自发型"的大学创设模式，进而获取了对大学的间接控制权。文艺复兴时期，民族国家开始走上欧洲政治舞台，大学与国家越走越近，它从"国王的大公主"

---

① ［美］阿特巴赫：《比较高等教育》，符娟明、陈树清译，文化教育出版社 1985 年版，第 29 页。

迅速蜕变为"国王的掌中之物"。① 此后至整个 18 世纪，大学自治的传统严重异化走样，大学发展进入所谓的冰河期，因为"在社会最需要它们的时候，它们却忽视了自己的社会功能，陷入危机"。②

在这样的背景下，德国近代大学理想的形成与实践是偶然中的必然。德国在 1806 年的耶拿战争中战败，哈勒城被法国占领，作为德国新式大学典范的哈勒大学被拿破仑关闭。由于"国家必须用脑力来补偿在物质方面所遭受的损失"，承载着新式大学理想的柏林大学在洪堡等人的领导下于 1810 年成立。当然，促成这种大学观念和现实的深层推力在于德国早期的大学改革运动。受启蒙思想的影响，德国于 18 世纪对旧有大学进行了两次非常成功的大改革，创立了以哈勒大学、哥廷根大学和埃朗根大学为代表的一批新式大学，初步确立了以严格的科学研究和高深知识学习为特征的德国大学形象。尽管如此，这些改革仍是在宗教势力干预下进行的，它仍然无法反映德国日益壮大的资产阶级的呼声。宗教改革后，德意志各诸侯强化了各邦的权力，形成了集宗教权力与国家权力于一体的各大邦国政权，进而顺理成章地将早先被教会主导的大学纳入国家掌握的范围。

以柏林洪堡大学为现实典范的近代大学理想，集中体现在施莱尔马赫、费希特和洪堡的大学理念之中。

施莱尔马赫的大学理想集中反映在他于 1808 年所撰写的《关于德国式大学的断想。附：论将要建立的大学》一文中。在国家与大学的关系方面，他要求大学完全独立于国家。但是对于一些与国家利益相关的学院如神学院、法学院、医学院等这些机构，则理应得到国家的资助；在教学思想方面，他主张思想自由和思想独立，要求所有学生都必须对最高知识的统一性有一个明确的概念，认为学生学习的首要目标应该是认识，大学对此要有一种"精神上完全自由的气氛"；在大学的院系设置方面，他认为真正的大学应该由科学团体组成，是一个"纯私人的事

---

① 雅克·勒戈夫：《中世纪的知识分子》，张弘译，商务印书馆 1996 年版，第 130—132 页。

② James M. Kittelson, Pamela J. Transue, *Rebirth*, *Reform*, *and Resilience*：*Universities in Transition*, 1300—1700, Columbus, Ohio：The Ohio State University Press, 1984, p. 23.

业"，因此哲学院在大学中拥有无上的独立性和首要地位。①

费希特的大学理想则集中在他的《关于埃尔兰根大学的内部组织的一些想法》一文中。他把大学规定为"科学地运用理智的艺术学校"，认为"学生尤其应该学会科学的判断能力"。他对让听众在其中完全持消极态度的教学实践提出批评，要求"把阐述的、解释的内容转变到生动的、活泼的认识中去"。他期望看到的大学毕业生是"有思维头脑的人"，不同于以往教育所培育出来的"拥有许多知识的人"。费希特的创造在于把对自由的科学反思的要求提高到大学课程的一切专业之上，这样的大学其目的在于探寻和传播科学认知而不是进行职业教育。②

洪堡是这两者教育思想的实践者。洪堡的大学理想的核心反映在两个方面：其一，"教学自由"。他起初所倡导的完全"自给自足式"的大学即使在当时看来也仅仅是个"乌托邦"，他转而提出了一种可实践的妥协方案："国家决不应指望大学同政府的眼前利益直接地联系起来"，大学完成自身的真正使命不仅能为政府的眼前利益服务，而且在于获得更加深远的国家收益。③ 其二，"教学与科学相结合"。大学教学活动中，只有那些经过创新性活动得到的研究成果才能被当成知识进行传授，这种基于研究基础之上的"教学"才是真正的教学。这样，"大学不再是学校，因为在它那里不应再有教师和学生，而只有'受到指导的研究者（＝大学生）'和'独立的研究者（＝教授）'"④。

以上三人的思想构成了德国式的近代大学理想的主体。用陈洪捷的话来形容，可用"修养""科学""自由"和"寂寞"四个概念来概括这种大学观。⑤ 前两个主要是就大学活动的内容而言，而后两个则主要强调大学活动形式上的要求与原则。"修养"即"通识性、全面性修

---

① ［德］F. W. 卡岑巴赫：《施莱尔马赫》，中国社会科学出版社 1990 年版，第 117—120 页。

② ［德］威廉·格·雅柯布斯：《费希特》，李秋零、田薇译，中国社会科学出版社 1992 年版，第 161—162 页。

③ ［德］弗·鲍尔生：《德国教育史》，滕大春、滕大生译，人民教育出版社 1986 年版，第 126 页。

④ ［德］彼得·贝格拉：《威廉·冯·洪堡传》，袁杰译，商务印书馆 1994 年版，第 73 页。

⑤ 陈洪捷：《德国古典大学观及其对中国大学的影响》，北京大学出版社 2002 年版，第 65 页。

养"和"心智的训练",它与职业教育和实用教育相对,是就大学的教学和培养目标而言的概念;"科学"意味着大学是科学研究中心,强调知识的整体性;"自由"涉及大学学术组织和管理上的自治和在教学、研究方面的自治;"寂寞"是说大学教授应远离政治经济活动,而应安心从事其学术工作。

三 现代大学理想

洪堡式的近代大学理想在柏林洪堡大学的实践由于各种原因被迅速中止,但并未如昙花一现般消失在人们的观念中。进入 20 世纪,世界还未从两次世界大战的震荡中恢复过来,经第二次世界大战后至 20 世纪 60 年代的高速发展后,美国正全方位地取代西欧在世界政治经济文化舞台上的中心地位,一举成为世界高等教育的强国。我们这里所指的现代大学理想即指所谓的"多元巨型大学",它以此段美国研究型大学为蓝本,经克拉克·克尔提出和不断修正,成为一种经典的美国现代大学模式。

克拉克·克尔"多元巨型大学"的提出有着特殊的历史背景,它是对美国现代高等教育特征历时性总结后而得到的集合体。纵观美国高等教育史,自殖民地时期九大学院建立直到南北战争,美国高等教育和国家整体实力一样均未取得大的发展,南北战争后,美国高等教育朝着两个方向发展,实现了高等教育结构类型的两次大变迁。

一方面是向德国学习,创设"真正的"美国现代大学——研究型大学。这是一种将英国大学的学院制传统、德国大学的研究传统和美国文理学院式本科教育传统有机结合起来,让"本科生教育、研究生教育、科学研究同在一个单一院校中进行"的美国新大学模式。[①] 另一方面是坚持实用主义,在两次《莫里尔法》等法案和政策的推动下,高等教育强化与地方经济社会的联系,服务职能被引入大学办学实践,从而产生了极具美国特色的高等教育机构——社区学院。

如此,美国逐步确立了适于未来高等教育大发展的精英和大众大学体

---

① 沈红:《论研究型大学的本质属性》(http://focus.hustonline.net/html/2010 - 4 - 16/70298.shtml)。

系。按照特罗高等教育大众化理论，20 世纪上半叶美国高等教育在建立多样化的高等教育制度的同时开始从精英高等教育迈向了大众教育；下半叶又从大众教育迈向普及教育。① 并因此形成了一个规模巨大、机构差异明显、层类和功能多样却又存在潜在统一性的高等教育体系。

克拉克·克尔亲身经历并在一定程度上主导了战后美国的高等教育大发展。他在冷静反思现代大学出现以来美国高等教育的变革史后，于 1963 年开始在《大学的功用》一书中系统阐述其现代大学理想。此后他约每 10 年就会更新该书的内容，根据现实高等教育的发展现状修正他对现代大学的认识，但其"多元巨型大学"的核心内容却被保留下来。

什么是"多元巨型大学"呢？克拉克·克尔创造"multiversity"来指涉这种新型大学，这个词可译为"巨型大学""多科大学""多中心大学""多种用途的大学""大型综合性大学""综集大学""超级大学"。不管是哪种译法实际上都包括着"多元"的涵义。在他看来，这样的大学是一个不一致的机构。它由多种群体组成，"观察遥远的过去和遥远的未来，但与当前不一致"；它全方面地服务于社会，但也无情地批评社会；它志在促进社会平等，但其本身就由不同的阶段组成；它实质上是一个群体，但却有着多种"灵魂"。② 总之，它是一种"多元的""矛盾的""新型机构"，一座充满了无穷变化的"才智之都"。③

（一）多元的机构。首先，它由多个群体构成。学生中有本科生和研究生，他们的年龄比较以前的学生大，有些已婚，有些是工作后再来大学重新学习；他们虽然有着不同的学习目的，但多数是为了未来工作的需要，他们属于不同的种族、政党和阶层，或为寻求真正的学问而来，或为掌握特定的职业技能而学，或以成为政治狂热分子和知识分子为上学目标。教师和管理人员的构成与职能也是多元的，除了先前的教师和研究人员，专业的管理人员、校外人员也参与到校园事务之中；教师工作不再以教学为主，而是更多地参与到研究和咨询服务活动中去，

① 谢作栩：《中国高等教育大众化发展道路的研究》，福建教育出版社 2001 年版，第 58 页。

② ［美］克拉克·克尔：《大学之用》，北京大学出版社 2008 年版，第 10—11 页。

③ 同上书，第 70—79 页。

这样便产生了大量的"非教师"。其次，它有多个权力中心和服务对象。学生群体、教师和工会组织、行政权力、大学利益相关者机构和学校的行政管理部门都是大学权力中心的有力竞争者。这使得大学必须为诸多顾客服务，必须对多种信仰或"上帝"持包容态度。它既要关注高深知识的发现、传播和应用，又要贴近大众生活和多个服务市场。

（二）矛盾的机构。"多元巨型大学"无疑也是一个矛盾的机构。这里生活着不同的群体、有着不同的服务对象和目标，与内外部所存在的千丝万缕的关系却令大学的边界不甚清晰可辨。它是能客观审视历史，却又能理性展望未来的机构，但它的许多做法却与现实存在冲突。作为社会的"动力中枢"和"服务站"，它几乎完全放下了中世纪大学那种高贵身份，转而全方位地投入到社会生活之中，但它却时时无情地批判这个社会。它可以参与研发大规模杀伤性武器，同时又不忘对战争的后果和伦理作出深刻的反思。它呼吁并极力促进社会的平等和民主，但其内部却又是由处于不同地位和阶层的群体构成的等级社会。总之，作为一种统一体，它却没有统一的信仰和行动准则。

（三）新型的机构。由于以上两种原因，使得"多元巨型大学"较之旧大学有着本质的不同。纽曼的大学理想中大学应当成为捍卫知识至高地位的保护神、对学生实施博雅教育，它以"知识本身"为目的。如果将他的大学比作"居住僧侣的村庄"，那么洪堡和弗莱克斯纳所主张的大学则如一座由知识分子主导的"集镇"，他们致力于追求知识、探寻真理并培养真正的知识分子，所组成的典型机构由研究生院、各种专业学院和研究所组成。而克拉克·克尔的"多元巨型大学"已经是一座"充满了无穷变化的才智之都"：那里比在村庄里较少共同意识，但也较少禁闭感；那里比在城镇里较少目的性，但有更多出人头地的方法；它更像文明的总和，随着文明的演变，它越来越多地成为文明的内在部分、越来越快地与周围社会发生互动。①

四 后现代大学理想

后现代主义是随着人类社会进入后工业社会而出现的，它建立在对

---

① ［美］克拉克·克尔：《大学之用》，北京大学出版社 2008 年版，第 23—24 页。

现代工业社会的批判和反思的基础之上，是对现代性所含有的规定性的否思后的一种"存在状态"。工业社会所主导的现代性典型地反映在对科学和技术至上的无上信仰，崇尚技术的正面效应和工具主义，坚信事物的发展存在普遍性的发展规律。与此相对，后现代主义则主张信仰多元而不是单一的科学和技术至上论，辩证地看待技术的"双刃剑"效应和后果，对事物发展的普遍规定性持怀疑甚至否定态度。

后现代大学理想同样是建立在对大学的现实生存状态的批判和对大学理念解构之下的产物。

克拉克·克尔的现代大学理想的立场是美国式的，它以高等教育大众化过渡到普及化为背景，从而刻画出了一种精英与大众并行的高等教育系统发展模式。追随这种成功的高等教育系统，在积极推进大众化高等教育的同时，追求卓越高等教育系统、建立一流大学成为后发型国家实现经济起飞、国家发达的制胜法宝。

这种以追求一流和卓越为主要特征的当代大学理念，源于日益激烈的国际竞争和知识经济浪潮双重压力，而在高校和政府之外，以《泰晤士报高等教育副刊》的"世界大学排名"、上海交通大学的"世界大学学术排名"为代表的全球性大学排名也在其中起到了推波助澜的作用，使得一些国家想不改变其高等教育和科研体系都不行。

曾经对美国大学抱有一贯的蔑视态度、自恃大学欧洲中心主义的欧盟国家，也不得不放低姿态主动向美国一流研究型大学学习。就连法国这样拥有浓厚古典大学传统的国家，在这些压力下也不得不反思其高等教育和科研体系的定位，并于2005年制定全面的公共改革议程，发布《国家科研公约》，随后开始对其传统的科研和高等教育体系进行大规模的整合。这种创设"一流"的集体行动于20世纪90年代开始在全球范围内普遍展开：德国的"精英大学计划"、韩国的"智慧韩国21工程（BK21）"、日本的"Top—30计划"和"全球卓越中心计划"、加拿大的"卓越研究中心网络计划（NCE）"、英国的"卓越基金"计划、智利的"千禧年科学计划"、丹麦的"全球化基金"计划、中国台湾的"迈向顶尖大学计划"、俄罗斯的"俄罗斯联邦创新型大学建设项目"等，这些行动的共同目标就是打造属于本国的世界一流大学。

世界一流大学已取代传统美国式的大学理想成为一种理念和信仰或

"当代大学观"。然而，对于什么是"世界一流"人们还没有统一认识。阿特巴赫非常简练且精确表述的关于"世界一流大学"的困惑是："每个国家都希望拥有世界一流大学，但没有人知道世界一流大学究竟是什么，也没人了解如何建成世界一流大学。"① 其原因在于，这个封号的取得总是要先有个"被认可"的必要程序，而一流总是一个相对的、基于数据和绩效表现的位置值，它既没有指涉物，也没有具体内容。

同时，这种一流理念源于公司文化，而与传统大学的职能无关。造一流大学运动在国家竞争的需要、社会中介的鼓动下取得了合法性和合理性，国家为大学找钱、大学追求在知识领域的卓越，这样的分工在洪堡的大学理想中曾经出现过。而现在，这种高等教育秩序却越来越需要政府对大学实施的各种测评方案、与它们签订合作合同等方式来维持。绩效管理、量化指标、竞争合同这样的公司管理工具和手段，被广泛地运用于一流大学建设中。由此看来，追求"一流"的大学理想使得大学越来越像一个公司而不是传统的知识和文化机构。这在后现代主义者看来，提出问题及对问题的回答却又抛开了对"什么是大学"这个问题认识：只有"一流"而没有大学，大学是否失去了"灵魂"？

比尔·雷丁斯对这种当代大学观的产生背景和本质进行了深刻的解构。他将洪堡的大学理想的指涉物称为"文化大学"，这种大学为民族国家服务，一方面培养赋予民众以理性自治，另一方面保持了民族文化、增进民族整体认同和统一性。需要指出的是，民族国家正是随着资本主义的发展而诞生和不断壮大的。但是，现代资本主义的发展正越来越表现出全球化的趋势，这反过来却削弱了民族国家的作用，民族国家开始陷入式微和衰落的困境，文化大学因此失去了存在的理由和固有的社会职能，并为一流大学理念———一种不断扩大的全球化资本主义下的跨国公司模式——所取代。正如比尔·雷丁斯所言，"作为资本主义自我再生产主要事例的民族国家的崩溃，实际上取消了现代大学的社会使命。"②

---

① Philip G. Altbach, *The Costs and Benefits of World - Class Universities* (http: // www. aaup. org/AAUP/pubsres/academe/2004/JF/Feat/altb. htm) .

② Bill Readings, *The University in Ruins*, Cambridge, Mass: Harvard University Press, 1996, p. 86.

如何重建大学呢？后现代主义者雅克·德里达提出了他的大学理想。他认为现代大学应该是"无条件大学"，这种无条件大学"应当是批判性——比批判性更批判性——地抵抗一切规定了教育习惯占有权的最终场所，而这原则上符合其宣称的使命及公开信仰的本质"[①]。在他看来，无条件的抵抗或许会使大学成为与国家权力、经济权力、传媒、意识形态、宗教与文化等对等的力量；这样的大学具有公开言说、公开出版的权利，应是信仰传布的场所。雷丁斯也提出了类似的观点：既然民族国家的衰落已不可避免、重建现代大学或文化大学的做法随之也将变得不合时宜，何不"放弃大学使命与实现民族文化身份这一计划之间有着必然联系的观念"，转而支持建立一种"后历史大学"呢？他将这种大学理想定义为师生在承认彼此差异的基础上、以"对话"方式形成教学场景的"各抒己见的共同体"。[②]

第三节 高等学校的理想类型

中世纪大学以来大学的现代化史所揭示的现象有两点：其一，大学的内部结构随着人类知识体系的不断分化而变得日益复杂，从而具有了更多的组织潜能。其二，大学的存在价值随着知识重要性程度的提高而不断走向外围，进而与社会各部门都发生了广泛而持久的联系。大学理想的由远及近反映了真正大学的本真意蕴，它包括对组织性质和使命的要求和对其"居民"乌托邦式生活方式的写真；而这些理想却又必须不断地接受现实的检验，大学理想中的成份少许被修正、内核却一再得到重申。依此我们可以抽取形成高等学校的理想类型。

一 高等学校的基本特征与划分维度

笔者首先必须承认这样的事实：前述大学理想中的思想主要是基于大学，即处于高等教育系统顶端的机构而言的。其现实对应物都是论者所处

---

① 雅克·德里达：《Profession 的未来或无条件大学》，载杜小真、张宁《德里达中国讲演录》，张宁译，中央编译出版社 2003 年版，第 108—109 页。

② Bill Readings, *The University in Ruins*, Cambridge, Mass：Harvard University Press, 1996, p. 122.

的机构，即便是"后现代大学"也只是与人文和社会科学学者有关，这样的大学理想难免包括论者对大学的主观判断。然而，真正的大学的原初形态，正是在他们所阐发的大学理想下得到逐步呈现，他们所批判的成份，大学不应有，但或许是真正的高等教育机构（如一般大学、专门学院和社区学院等）所应具有的特征。因此，大学的演化史和大学理想的语义流变将至少为我们划分高等学校的理想类型提供某种启示。

这些现实和理念中的大学的基本特征反映在以下几个方面。

（一）组织的构成

首先，高等学校中的主体应该是教师和学生。中世纪大学的源头教会学校以培养修士或修女为首要目标，后来才逐渐从修道院专设的禁区中走出从而演变为教师和学生的行会。因此，高等学校本质是一个实施教育的场所。即使是洪堡在强调大学科研活动的重要地位时，也是要将科研与教学相结合，强调研究性的学习和师生关系。知识经济时代，知识再生产的方式会更加多元，高等学校的教育教学方式也会面临数字化、信息化的变革要求，教师的传统角色因此在一定程度上将为信息媒介所取代，但这些都只会是部分的。其次，高等学校的基本组织单元是院系。大学区别于其他层次教育机构的根本特征在于所有活动都是围绕高深知识而展开的。高深知识最初是以"七艺"为核心素材进入大学的殿堂的，是教师和学生授课和辩论活动、考试和学位制度得以实施的根基。随着知识的分化所引发的大学教育的专业化，大学组织开始以各类知识大类为单位，典型的如神学院、法学院、医学院、文学院，再到知识大规模生产时代传统学科被重组而形成的现代大学教学科研单元、跨学科组织等类似院系的组织单元。

（二）目的与使命

大学职能经历了从单纯的知识传授到科学研究，再到服务社会的三个发展阶段，办学职能的不断叠加和综合也构成了不同时期大学最基本的特征。经由柏林洪堡大学进化而来的弗莱克斯纳式大学，不仅是真正的美国式大学的经典样板，也是研究型大学的原型。换言之，真正的大学是具有"高水平"或"一流"的教学、科研和服务能力的机构：它一定是能使学生掌握系统性知识和技能、促进他们心智和修养水平得到提升，能创造地发展知识和探索人类未知领域，能通过自身的学术资源满足重大的社会需求、引领社会发展的机构。这种大学的现实发展结果则是伯顿·克拉克所提出的创业型大学,即充分实现了各类使命的综合的高等教育机构。它与一般大学或学院、社区学院或职业院校的区别在于拥有更广的职能范围、更强的社会使命感和自我实现能力。

（三）教育原则

培养什么样的人、如何培养人是贯穿大学演化史的一个基本问题。作为教育机构,高等学校可以完全不参与科学研究和社会服务事务,但没有了教育活动它便不能称为高等教育机构,而是职业和社会服务站、科学研究所等。中世纪以来的大学教育原则对此都有过充分的反映。如纽曼认为大学教育应培养自由的"绅士",目的在于对人进行理智的训练以达至自我完善;洪堡的大学理想则要求训练学生的科学精神,教育原则的根基明显是对客观真理的无上向往;现代大学理想实际上为我们描述了对多种教育指向的近似矛盾的包容态度,而这在一定程度上得到了后现代学者们的肯定,于是"各抒己见"式的、"批判"式的、反对确定性知识的教育原则得以被提出。与此相对,通识教育和专业教育、学术教育和职业教育成为大学教育中普遍共存的几种教育理念。

（四）与外部环境的关系

从大学与外部环境的关系来看,大学的演化史就是一部大学与教会、民族国家和更广义的社会之间不断角力和寻求权力平衡的历史。中世纪大学虽然在世俗皇权的干预下得以从教会力量中分离出来,获得了暂时性的、甚至名义上的独立性;但是,民族国家的崛起却迅速地将其纳入国家势力之下,起先是作为补偿国家物质损失的文化替代物,然后是作为战争武器的研发基地,近来是作为国家区域战略的实现工具——大学必须优先满足国家利益的需求;随着知识社会的继续前行,来自社会方面的对扩充高等教育供求要求的持续增加则令大学日益深入地卷入到社会生活之中,扩大高等教育规模、广泛地投身于社会咨询活动、通过教学和研究资源换取社会的支持,不管大学是否主动和自我满意,这些活动的背后透射出大学广泛参与社会活动的必然趋势。

以大学为主体的高等学校无疑正变得越来越复杂,而正是这种复杂性的增加使得我们必须寻找那些本质性的、不变的认识维度。以上所抽取的高等学校特征归根结底是由其组织属性决定的:一方面,高等学校是教育机构，这决定了教师和学生是其不可或缺的主体，对人的塑造成为其核心价值观，即是要关注学生心智的完善还是致力于知识和能力的增进；另一方面，高等学校是知识组织，传播、发展和应用知识等活动的拓展是它与外部环境搭建各种关系网络的先决条件，其中也反映出高等学校对于知识功用的一种价值取向，即是关注于知识本身还是主张知识的实用主义。围绕这两个维度可对高等学校的类型进行划分（见表4-1），以下分别从这两个维度对高等学校的理想类型作进一步阐述。

表4-1   高等学校的理想类型及其划分维度

		知　识　维	
		以知识为目的（学术型）	以知识为手段（应用型）
教育维	完善心智（精英型）	—	
	增进知识和技能（大众型）	—	—

二　知识维度："学术型"与"应用型"高等学校

高等学校的活动以高深知识为核心展开是它区别于其他组织的一个本质特征。所谓高深知识，是建立在一般性知识之上专业化程度更高、体系结构更为严密的知识。"高深知识具有日益专门化、数量越来越多、知识密集性、知识广博性和自主性越来越高的特点。这些知识具有内在的逻辑性和内在的自主性倾向。"[①] 知识被划分为一般知识和高深知识几乎是任何时代的一个常态。在古希腊时代，"哲学"的地位高于其他一切知识和科目，柏拉图则把"七艺"划分为初级和高级两类；中世纪大学建立在"七艺"课程体系之上的学院也存在类似的层次和地位差异，哲学同样处于知识体系的顶端，而文学曾一度被当成普通知识被排斥于大学围墙之外；文艺复兴以来的学科不断分化，高深知识及相关活动被进一步专门化、系统化和制度化，大量的新兴知识领域被接纳为

---

① ［美］伯顿·克拉克：《高等教育系统——学术组织的跨国研究》，杭州大学出版社1994年版，第16页。

高深知识，而原有的一些知识则退出高等教育的范畴。

知识不仅有普通和高深之分，即使是在高等学校内，这种层次和类型的划分也是非常普遍的现象。正是在这个意义上，托尼·比彻和保罗·特罗勒尔才参考了科尔博和比格拉对学科的分类体系，按照硬科学—软科学、纯科学—应用科学两种维度构建了他的学科领地体系。① 大学理想和大学发展史揭示了高深知识的这些差异。大学先后经历了纽曼的"为知识而知识"的时代、洪堡和弗莱克斯纳的"教学和科研相结合"的时代、建立在全方位的参与社会实践的克尔"多元巨型大学"时代。严格地说，克尔以前的两个时期，大学以追求纯粹知识为主，即使是洪堡无奈地接受大学应担负起民族国家文化工具的观念，他也仅仅视国家为大学纯粹知识活动的支持和保护力量。克尔的大学理想和美国式的研究型大学，则是实用主义在高深知识界的试验场，知识由此转变为服务社会的工具，其本身不仅甚至不再成之为目的。

由此观之，从高等学校的固有职能的演变来看，高深知识作为其所有活动的核心和"逻辑起点"，主要经历了知识本身作为目的的"为知识"阶段、知识作为手段的"用知识"阶段两个发展时期。依此我们可将高等学校划分为两类：学术型高等学校和应用型高等学校。

（一）学术型高等学校

学术型高等学校是"为知识而知识"的机构。在这里，教师和学生得以组织起来、机构恒久长存的主要目的就在于保持和发展知识，高等学校因此主要扮演着知识再生产机构的角色，它将更多的目光投射于组织内部，它对外部机构的"功用"就在于其文化意义。

最早的大学就是一种特殊的学术型高等学校。在尚未完全从教会力量中独立出来之前，以行会原则建立起来的中世纪大学，并不以满足世俗社会的需要为存在目的，毕业生并不是一开始就希望成为政府官员、律师、医生这样的专业人员。它是自治的教师和学生的行会，以维护高深知识行业的运行秩序为目的。最早的学位制度本质上只是一种本行业的行业许可制度，如学士学位只表明学位获得者具备了进一步学习的条

---

① ［英］托尼·比彻、保罗·特罗勒尔：《学术部落及其领地》，唐跃勤等译，北京大学出版社 2008 年版，第 36—42 页。

件，而硕士与博士学位则仅表明学位获得者具备可以在大学任教和自行举办各种讲座的资格。即使是在大学逐渐摆脱教会控制、各种世俗力量的参与随即填补了其力量真空之后，以知识为目的大学教育理想进一步在纽曼的大学理想中得到体现，洪堡所始创的科研职能、教学与科研相结合的教育原则也只是达到这种目的的手段而已。

今天，尽管高等学校参与各种社会事务是大势所趋，但是高等学校过度功利化和实用主义的弊端正日益暴露出来：高等学校一味以外界的需求为办学导向，不仅会丧失灵魂，对实用知识的过度偏爱也会令其失去存在的合理性和合法性根基，最终只会是趋于职业主义和平庸主义。因此，重新倡导在高等学校实施学术教育、激发学生求真务实的科学精神特别是坚持"无目的"的基础和理论研究仍有重要意义。

（二）应用型高等学校

应用型高等学校是运用高深知识解决实际问题的机构。知识即便没有直接功用，并不代表它在未来或作为间接形式不能为人们所利用。正如纽曼从"无用知识"能促进人的心智提升这一立场出发证明了其大学理想的正当性一样，知识源于人类的实践活动，纯学术与高深应用知识间的界限并不总是泾渭分明。因此，应用型与学术型高等学校的差异只是看待知识的立场不同，并没有层次高低之分。

应用型高等学校是中世纪大学不断世俗化后的产物。中世纪大学于15世纪开始出现了大规模的组织分化，"文学部开始脱离大学成为中等教育层次的文法学校，大学则完全由医学、法学和神学等专业学部构成，主要实施专业教育，培养医师、律师、教师、教会人员和国家官员等专业人才"。① 大学开始以培养新兴行业所需要的适用人才作为办学的另一个目标，或从原来的学术型高等学校中分离出应用型的学科和部门，有的国家则直接新建这样的机构。如在英国资产阶级革命前，苏格兰兴建了圣安德鲁斯大学（1412年）、格拉斯哥大学（1451年）、阿伯丁大学（1494年）、爱丁堡大学（1582年）四所注重自然科学和实用

---

① 黄福涛：《从自由教育到通识教育——历史与比较的视角》，《复旦教育论坛》2006年第4期。

学科知识的机构①，而俄国、法国于 17—18 世纪兴建各种高等专门技术学校。这些机构是现代高等教育体系的另一个重要分支。美国实用主义所催生的威斯康星思想确立了社会服务在高等学校办学中的职能要求，赠地大学更是应用型高等学校的一个现实样板。

知识经济时代，高深知识的功用被无限放大，从而具有了明显的商品属性。无论是主动还是被动，高等学校通过与政府、行业企业签订服务合同，广泛地开展咨询和应用研究。其中关键的问题还是在于如何处理好教学研究、服务社会之间的关系，明确这类机构在高等教育体系中的结构和职能定位，勿令其蜕变为政府的附庸、社会的风向标。

三　教育维度："精英型"与"大众型"高等学校

从人的培养这个角度来看，可将教育分为两种类型。其一是通识教育，即旨在促进人的心智提升的教育。这种教育最早源于古希腊雅典时期的"自由民"教育，它重视对受教育者德育、智育、体育和美育等方面内容的传授。这种以"七艺"为核心的教育类型后来加入了英国自由教育理论、经过美国大学改造后构成了通识教育。狭义上，它是指非专业性的、非职业的、非功利性的教育，目标在于培养具有社会责任感和健全人格的知识分子。其二是专业教育，又称专门教育，即旨在增进人的知识与技能的教育，以培养社会所需的各级各类专业人才为教育目标。通常我们将"专业"界定为"专门学业"和"职业"，前者一般指高等教育，因为它强调知识的高深性和专门化。后者则强调对人所从事的社会职业的要求，因此它往往指职业教育。

由此可见，大学是从事专业教育的机构。但这并不等于说通识教育就应该被排斥于高等教育之外。纵观高等教育史，高等教育的重心经历了自由教育或前通识教育到科学教育或前专业教育，再到两种教育并存的发展时期。以"七艺"为核心的自由教育一直是中世纪大学教学的主要内容，其促进人的自我完善的教育理念伴随文艺复兴运动而进化为个人主义教育，与此同时，学科的不断分化和资产阶级的兴起使得科学主义教育成为一种新的理念，但是两者中占主导地位的一直是前者。我

---

① 王保星：《外国教育史》，北京师范大学出版社 2008 年版，第 133 页。

们可从教育的维度将高等学校进行划分，将从事通识教育的机构称为精英型高等学校，从事专业教育的机构称为大众型高等学校。

（一）精英型高等学校

一般意义上，"精英"最初是西方社会学的专有名词，它专指一定社会中处于上层的阶层。教育领域中的精英，则主要是就学生的心智发展水平而言的，"精英是通过心理测验被精确而公平地选择出来的。"①因此，原初的学校就是一个精英教育机构，它既将这些精英筛选出来使其接受高质量的教育，又通过对受教育者施加各种影响和规训，使其具备社会精英的必要素质。

高等教育是随着基础教育、中等教育的逐层大众化和普及化后而出现的。实施精英教育从来都是高等学校的基本使命，正如马丁·特罗所言，"在一定程度上，大学天生是精英式的机构：它们接纳那些资赋优于平均水平的学生，由教师引导着他们学习艰深的学科，通过长期而严格的教育与训练让他们获得学术资格证书。"②可见，经典的精英型高等学校坚持精英一元论，它培养知识领域的学术精英、思想精英，提高受教育者对人类社会和自然世界的意识境界和认识能力，获得"全面的、自由的发展"。而这正是其成为社会各领域精英的决定因素。我们正是在这个意义上将那些以非功利地培养学生心智为目的的机构称为精英型高等学校。它包括中世纪的一些综合性大学、欧洲近现代的古典大学、美国现代的一些研究性大学和非盈利性文理学院等。

精英是处于不断变化中的概念，精英的来源和构成也变得越来越多元。随着高等教育大众化时代的来临，高等学校转而支持精英多元论、培养更加专门化的各级各类精英。这是传统非精英高等学校任务，反映了大众化、普及化阶段多元化的高等教育质量观。但是，一旦传统精英型高等学校也开始效仿和维护这种多元精英论，其后果则是高等教育和高等学校的消亡，即作为真正意义的精英教育信念的全面覆灭。

---

① 布鲁贝克：《高等教育哲学》，浙江教育出版社2002年版，第66页。

② 马丁·特罗：《从大众高等教育到普及高等教育》，濮岚澜译，《北京大学教育评论》2003年第4期。

（二）大众型高等学校

教育中的大众与精英之分，并不代表受教育者现实社会地位和人格的高低，与精英教育相比，大众教育是面向心智发展水平一般的普遍民众的教育类型，它以培养受教育的知识技能为主要目的，使其掌握参与未来社会分工必需的素质。正如高等教育经历的由精英教育向大众教育的转型一样，大众教育是随着该教育层次的不断普及而出现的，其部分结果是使得精英教育不断地向上"漂移"。

"漂移"的结果是，本科教育在精英教育方面的角色会为硕士、博士甚至博士后教育所取代；精英教育会部分地在原有少数本科教育机构——传统的精英部门中保留下来，而其他的本科教育机构则专注于大众教育。在马丁·特罗看来，精英机构与大众机构都仍将是培养精英的部门，所不同的是：精英阶段的精英教育坚持精英一元化，它以"塑造统治阶级的头脑和性格""为精英角色做准备"为主要目标；大众化阶段则坚持精英多元论，它以"传播技术""为范围更广阔的技术和经济精英角色做准备"为主要目标。[①] 大众高等学校是适应高等教育大众化阶段社会对人才数量、质量和规格等方面多样化要求的机构，办学活动偏向于以社会的需求为导向。这类机构包括各类专业性和职业性较强的职业院校、单科性或多科性的专门院校、高等工程和技术院校等。

由于高等教育成本病的存在，任何国家都无力建立起一套由传统精英型机构组成的高等教育体系，从而保持大众化高等教育阶段的单一精英特质。知识经济社会中的社会分工将越来越细化，高等教育人才培养的质量规格也会随之越来越多元化。因此，跨过精英高等教育阶段，大众型高等学校都会成为高等教育体系的主体，成为各种社会精英——技术精英、经济精英等行业精英的重要源泉。

回溯中世纪以来大学理想的流变，本书抽取知识和教育两个基本维度将高等学校分为四种基本型。实际上，理念和现实中的任何高等学校都同时具有这两种组织属性或职能，因此都不可能被归为其中纯粹的一

---

① Martin Trow，"Reflections on the Transition from Elite to Mass to Universal Access：Forms and Phases of Higher Education in Modern Societies since WWII"，*International Handbook of Higher Education*，Dordrecht，Netherlands：Springer，2007，pp. 243 – 280.

种类型。正如理想类型本身可作为认识工具存在一样，高等学校的理想类型既揭示了机构的属性特征，也可作为我们描述各种形态机构的标尺，我们可尝试将大学理想置于其中作简单分析（见图4－1）。古典大学强调机构的教育维度特征，它关注教学而非研究，更注重学生心智的完善；近代大学与民族国家的崛起有关，它强调对知识的无尽探索，更多地关注知识本身；现代大学则是矛盾的、多中心机构，它同时具备教育和知识多个方面的特征；当代大学则以"一流大学"为样板，它既追求对人心智的完善，也要求成为知识创新的发动机，但"一流"总是相对的、空洞的，没有具体指涉物；后现代大学建立在对当代大学的无条件批判之上，它代表了一种立场和态度，是教育和知识两个维度职能的回归。

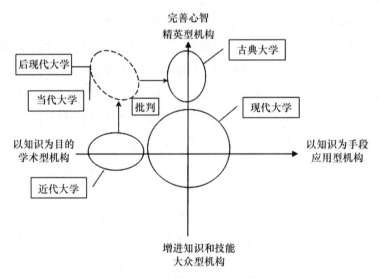

图 4 - 1　高等学校的理想类型

第五章 高等学校的现实类型：
湖北省的个案研究

　　理想类型分析当前系统结构所存在的问题，是形成面向未来的机构分类法的必要环节。由于现实中的高等学校表现出纷繁复杂的组织形态，不同时空和管理体制的国家，高等学校的属性总是处于变化之中，机构特征的多面性决定了多维分类法具有更为广泛的用户基础，能较好地满足不同利益相关者分类需求。但是，由于多维分类只能从某些方面揭示结构问题，为全面了解机构特征，从系统层面把握组织类型体系，通过特定维度和指标体系的综合性分类不可避免。本章我们将选择典型区域，从多维分类、综合分类两个层面描述院校类型的现实体系的特征和问题。

第一节　湖北省高等学校的多维分类

　　多维分类不仅反映出一种分类原则或分类哲学，而且也是一种规范的描述性分类方法。尽管被分类对象一般具有多个层面的特征，多维分类都有其普遍的适用性，但是这种分类哲学更多地来源于文献分类学中的分面分类法。由于组织属性特征的多面性和服务对象的多样性，对高等学校进行多维分类便具有了其合理性和必要性。

一　分面分类与高等学校的多维分类

　　分面分类法是文献分类法的两种基本类型之一。另一种是体系分类法，"是以科学分类为基础，依据概念的划分与概括原理，把概括文献内容与事物的各种类目组成一个层层隶属、详细列举的等级结构体系的一种文献分类法，亦称列举式分类法、枚举式分类法。"① 按照这种分类原理，事物划分的标准依照一定的层级和逻辑次序被组织起来，从而形成树状结构的判别体系。比如中国文献分类曾采用"五分法""四分法"，将图书分为社会科学、自然科学、综合性图书等基本部类，每个基本部类下又根据知识体系和逻辑关系细化、逐层划分后得到基本大类、简表和详表，最终每本图书都被划归到详表之中。生物学中对生物的划分也采用类似的阶元系统划分生物种类。中国高等教育学科分类也是一个典型实例。学科首先被划为十二大学科门类，每个学科门类逐次分出一级学科、二级学科。专业和学位以此为基准可以进行类似的分类。总之，体系分类法属于等级分类法，它强调分类标准的系统性和事物间的种属关系，分类标准和体系比较严密。

知识和学科的分化重组的趋势是连续的和持久的，知识和学科领地的互涉现象自 20 世纪 60 年代以来日益普遍，其直接结果便是生成了诸多新兴学科、交叉学科和边缘学科，知识和学科的划分不再如前那样界限分明。同时，由于被分类对象往往呈现出多种特征，分类者认识事物的目的也比较多样。人们对知识的运用有着不同的立场，总是基于不同的偏好选择事物的分类维度。因此，有必要借用一种面向对象的分类法，从不同的维度综合、立体描述那些具有多种属性、结构复杂多样的事物。在文献分类法中，这种基本分类范式便是分面分类法。

"分面分类法是依据概念的分析与综合原理，将概括文献内容与事物的主题概念组成'分面—亚面—类目'的结构体系，通过各分面内类目之间的组配来表达文献主题的一种文献分类法，亦称组配分类法、分析—综合分类法。"② 与体系分类法相比，分面分类法同样要依据一定的知识体系和逻辑关系将被分类事物的特征划分为若干大类，但其依次细分得到的不是等级式的分类表目，而是在各个大类下得到不同维度的分面和亚面，面与面之间具有非包含的对等关系，通过事物在各面上所表现出来的特征，各个面与亚面通常用数字、字母等具有特定指称意义的符号表示，面与面之间的组合得到分面组配式结构。分面分类法的分

---

① 俞君立、陈树年：《文献分类学》，武汉大学出版社 2001 年版，第 32 页。
② 同上书，第 68 页。

类结果却不如体系分类法那样直观明了，系统性和逻辑性逊之，但这种分类范式相对更加灵活，能揭示被分类事物间的复杂关系和深层联系，因此仍被广泛地运用于面对复杂对象的分类系统中。如文献分类中的《冒号分类法》，用不同的标点符号表示本体、物质、能量、空间、时间五个基本面，用不同的数字表示该面上的属性。网络搜索中的运用也相当广泛，如在淘宝、e-Bay 等购物网站上，用户可选择品牌、价格、产地等多种面综合设定和检索得到所需的物品类别。

　　为与习惯说法保持一致，本书将高等学校分类领域内的分面分类法称为多维分类法。不同国家的高等教育系统都是一个复杂系统，高等学校的自然属性和社会属性具有其他机构无法比拟的多样性。除按照高等教育机构的三大职能划分得到研究型、教学型和职业型院校以外，许多看似无关紧要的表面特征同样对人们认识和使用这些机构具有重要意义。

　　按地理位置的机构划分，可用于区分中国不同地区高校硕士研究生入学考试的"国家线"，《美国新闻与世界报道》同样按区域进行大学排名；按在校生规模的划分，往往成为区分高等学校办学能力和资源拥有量的重要指标；按历史的划分，传统老大学往往处于高等教育系统的顶端，具有崇高的社会声誉和高等教育地位；按产权关系或办学体制的划分，公立与私立高等教育机构在不同的高等教育体系中所扮演的角色也不尽相同；按学生特征的划分，学生的修业年限、学习形式、组成成分等都直接反映出人们对这种机构办学水平和质量的某种态度倾向；按建筑风格的划分，"红砖大学""绿地大学""玻璃大学"在英国被用于指称如年轮般演化的高等教育机构类型；按授予的最高学位的层次和类别的划分，则是卡内基高等教育机构分类法中的基本分类的主要划分维度。类似的不以传统职能为限的高等教育机构分类法还有许多，这些划分维度和分类结果都有其特定的立场与分类意义。

　　再如，官方模式的规划式分类关注高等学校在未来经济社会发展中的职能实现，资源配置、管理权限、机构规模、层次科类结构等因素是院校设置政策中必须考虑的问题；学者模式的描述式分类其分类维度则比较多元，视研究和比较目的而定，但却更强调能体现高等学校本质的属性，如微观的知识和学科体系的构成、机构内部组织设置、运行模式，宏观的机构与政府和社会的关系等；社会模式的层级式分类则选择那些能反映机构实力的硬指标、相对指标衡量高等学校的能力大小，如按院校教学、科研、服务活动产出总量和效率等。

由上可见，单项的、多维的分类法一般要比综合性的分类法更能揭示高等学校的具象形态，从而具有更强的针对性和实用性。比如，在教育部"阳光高考"网站上，"全国普通高校·院校信息库"按"院校查询""专业查询"两个基本面，下设考生所在地、院校所在地、院校隶属、院校类型、办学类型、院校举办者、院校层次、院校特色（"985""211""研究生院"）等多个选项，用户选择项目检索得到的高校信息以多个维度展现出来，如"北京大学"属"985""211""研"，所在地"北京"，院校隶属"教育部"，层次"本科"，办学类型"大学"，院校类型"综合"，招生专业（全国）"43"。这样，用户可以全面地根据自己所需生成特定的分类表目（见 http：//gaokao. chsi. com. cn/sch/）。

二 系统层面机构的多面描述

中国普通高等教育系统非常复杂，截至 2014 年 7 月 9 日，全国高等学校（不含独立学院）共计 2542 所，其中：普通高等学校 2246 所（包括民办普通高校 444 所），成人高等学校 296 所。另有独立学院 283 所。这些高校在管理权限、层次和科类结构、学生和教师构成、办学职能等方面都存在着很大的差异，区域高等教育系统的发展也存在着很大的非均衡性。由于数据的可得性问题，对于笔者而言，要对这样的系统作出写实性的描述分类几乎是不可能的。因此，笔者将以湖北省为例尝试对中国高等学校进行多维描述。

湖北省是传统的高等教育大省，拥有相对完备的高等教育系统。截至 2014 年，全省共有普通高校 98 所，其中本院院校 42 所、专科院校 56 所，民办高校 19 所，另有独立学院 24 所，分别占全国同类高校数的 4.4%、4.7%、4.2%、4.3%、8.5%；"985 工程"院校 2 所，"211 工程"院校 7 所，中央各部委所属院校 8 所；既有像武汉大学、华中科技大学这样的学科门类齐全、办学规模大、办学实力强的综合性大学，也有如湖北美术学院、武汉音乐学院、武汉体育学院等单科性学院。从结构来看，湖北省高等教育系统是中国高等教育系统的一个典型代表。

参照欧洲高等教育机构分类的方法，笔者主要从官方政策、学生情况、办学条件、学科情况、社会服务五个维度划分以上高校。考虑到数据的可得性和可比性,官方政策的分类体系数据来源于 2014 年教育部网公布的数据,学科情况、社会服务则根据 2013 年 6 月教育部"阳光高考""研究生招生信息网"和当年各高校本专科及研究生招生专业目录数据整理,学生情况、办学条件等面板数据按《中国高等学校大全 2012》整理,进而对该省这些高校进行分类描述。① 具体做法是先将所有机构在某项指标从大到小顺序排列,取各项指标上的四分位数,得到"较大/较多""一般""较小较少"和"极小/极少"四个等级,某个机构处于哪个区间内它便从属于哪个类别。限于篇幅和技术所限,以下仅给出各个维度的划分标准和依据。

（一）维度一:官方政策（设置政策与官方统计）

1. 依设置政策的分类法。《普通高等学校设置暂行条例》《普通本科学校设置暂行规定》《高等教育法》《高等职业学校设置标准（暂行）》《独立学院设置与管理办法》等相关法律法规均对机构的设置标准作出了非常详细的规定。按照学科覆盖面、办学水平、办学条件等多个指标,高等学校事实上分为大学、学院、专科（包括高职）三个层类,其中前两个层次以本科教育为主,独立学院属于本科层次院校。湖北省有"大学"19 所、"学院"25 所、独立学院 24 所、专科类机构 56 所。绝大多数机构可通过名称后缀区分开来,少数职业性院校游离于这种规则之外。这也反映出中国高等学校设置政策仍存在有待完善的地方。

2. 依统计习惯的分类法。官方一般依管理所属和学科专业构成区分高等学校。从管理所属来看,高等学校可分为中央各部委属、地方属和民办三类。湖北省有中央属高校 8 所,省级教育或其他部门属高校 51 所,地级教育或其他部门属高校 20 所,民办机构（含独立学院）43 所,其他（公司集团）属高校 1 所。从学科构成来看,财经类 10 所、理工类 78 所、林业类 1 所、民族类 2 所、师范类 8 所、体育类 3 所、医药类 4 所、艺术类 5 所、政法类 4 所、综合类 8 所。

---

① 由于统计年度不同,湖北省高校总数、部分高校的层次和类别会有差异。该省普通高校（含独立学院）数 2011 年和 2013 年为 122 所、2014 年为 123 所,武汉商业服务学院于 2013 年升格为普通本科院校,湖北省实验幼儿师范学校于 2013 年升级为湖北幼儿师范高等专科学校,另有 5 所独立学院转制为民办本科院校。

（二）维度二：学生情况

学生情况可以反映在性别、层次、科类等多个层面，考虑到湖北省高等学校的特点，这里主要选择两个维度：一是在校生的规模。官方统计中一般依照相对于全日制本科生的权重将各层各类学生数折算成当量学生数，这种简化计算方式带有一定的经验色彩。这里以所有学生自然规模为标准进行划分，而不考虑学生的层次差异。二是非全日制学生比重。非全日制学生在所有学生中的比重反映出机构参与的社会服务和与本地经济社会发展的结合程度，也可反映机构办学自主权的大小（一些层次较高的高校才具有举办特定非全日制高等教育的权力）。这里以所有本专科生中非全日制学生的比例来计算（见表 5 – 1）。

表 5 – 1　　　　　　　　　湖北省高等学校的学生情况

学生情况	较大/较多	一般	较小/较少	极小/极少
在校生的规模（人）＊	14843 以上	10637—14842	6359—10636	6358 及以下
本专科生中非全日制学生比例（%）	13.7 以上	2.4—13.6	2.3 及以下	—

注：＊以全日制学生绝对数为标准的自然规模进行划分，而不考虑学生的层次差异。

（三）维度三：学科情况

学科是高等教育活动的基本单元和平台。中国专、本、研究生三级学位制度都有各自的学科门类划分方法，不难发现《学位授予和人才培养学科目录（2011 年）》《普通高等学校本科专业目录（2012 年）》都包括对应的学科门类、一级学科或二级类、二级学科或专业等三个对应的层次，"阳光高考"中专科层次的大类、类、专业同样是三个层级，它们事实上也可根据《普通高等学校本专科专业对应表》（供统计用，2004 年发布）进行转化。而中国一些高校在统计本机构学科门类时往往是将三个层次的学科门类综合起来进行分析。这对那些层次低的机构而言是不公平的。因此，这里我们分别取专科、本科、硕士和博士层次学科门类、一级学科和二级学科的最大值进行比较。学科情况主要考虑三个指标：（1）学科门类覆盖面；（2）一级学科覆盖面；（3）本专科招生专业数（见表 5 – 2）。

表 5 - 2　　　　　　　　　　　　湖北省高等学校的学科情况

学生情况	较大/较多	一般	较小/较少	极小/极少
学科门类覆盖面	8 以上	6—7	5	1—4
一级学科覆盖面	23 以上	15—22	11—14	2—10
本专科招生专业数	44 以上	33—43	23—32	3—22

（四）维度四：办学条件

高等学校的办学条件涉及机构人力、物力和财力等办学资源的占有情况，这些资源又分为硬件和软件两个方面，前者主要指学校的占地面积、校舍面积、固定资产、教学仪器、图书藏量等方面。为与高等学校评价相区分，这里我们主要取机构的绝对值，而不取生均指标；软件方面主要取教师情况，用全日制在校生与专任教师数之比来表示（见表5 - 3）。

表 5 - 3　　　　　　　　　　　　湖北省高等学校的办学条件

办学条件	较大/较多	一般	较小/较少	极小/极少
占地面积（m²）	886778 及以上	478216—886777	251795—478215	251794 及以下
校舍面积（m²）	452986 及以上	233046—452985	155041—233045	155040 及以下
图书藏量（万）	104.4 及以上	67.6—104.3	38.2—67.5	38.1 及以下
固定资产（万）	60380 及以上	33944—60379	17467—33943	17466 及以下
教学仪器（万）	9468.3 及以上	4979.2—9468.2	3206—4979.1	3205 及以下
生师比	24.7:1 及以上	21.2:1—24.6:1	18.4:1—21.1:1	18.3:1 及以下

（五）维度五：社会服务

高校可有多种方式服务社会，如提供面向社会的实用技术培训、生产指导和咨询、参与国家和社会的横向课题和项目、直接创办各种企业、向社会开放教学和科研设施等。高校社会服务的层面是多方面的，但其实现的基础和条件无非都是机构自身的教学和科研活动，甚至与这两项活动密不可分。限于数据的可得性，这里我们主要取两个维度：（1）招生面向，以高校本专科招生面向省市数计算，所涉地区越多的高校其社会服务面向越广；（2）本地生源比，高校所在地的学生总是其学生的主体，我们以普通高考招生中的本地学生的比例来表示，既可用这一指标表示机构的服务地方的能力，也可用其反映机构的开放程度（见表5－4）。

表5－4　　　　　　　　湖北省高等学校的社会服务

社会服务	较大/较多	一般	较小/较少	极小/极少
招生面向	28—31	21—27	16—20	15以下
本地生源比（%）	87以上	81—86	70—80	69以下

第二节　基于学科结构的湖北省普通
高等学校分类研究

以上对湖北省高校的分类从多个层面描述了该省高等教育系统结构，但对于系统结构的深描还远远不够，这就需要基于院校特质的综合分类。学科是大学最基本的学术组织单元，学科形态构筑成大学组织框架，正如伯顿·克拉克所言："各个学科和专业之间的包容和排斥，以及多学科的组成和跨学科的组织，推动了高等教育机构的分化。"[1] 从学科结构的角度分析大学类型对于当前高校分类研究具有一定的理论意义，对于个体高校的特色办学、定位发展具有重要的应用价值。已有高校分类研究过于侧重分类的理论讨论，实证分类研究欠缺，多以院校职能分类为依据，而对学科结构的分类研究关注不足。基于此，以下将以湖北省普通高校为例，基于学科结构特色对中国典

---

[1]　Clark B.，"Diversification of higher education，viability and change"，*The Mockers and Mocked：Comparative Perspectives on Differentiation，Convergence and Diversity in Higher Education*，Oxford：Pergamon/IAU Press，1996，pp. 17－25.

型区域高等教育进行实证分类研究，以期为构建相对科学的院校分类体系提供研究借鉴。

一　研究述评

学界一般从学科的个体结构或微观结构、群体结构或宏观结构两个维度理解学科结构。前者认为学科结构是一门给定学科的基本概念、基本原理及其相互关系①；后者基于学科群或个体高校内部视其为"学科组成及其相互关系方式"②。具体研究一般坚持后一种观点，谓之"高校具体的学科所构成的比例关系和组合方式，包括学科的数量、布局以及相互之间的联系等"③。依据这种理解，高校类型则由学科覆盖面、优势学科类别、学位层次等决定。

卡内基分类法参照"美国教育部学科专业分类系统"对美国大学进行分类；欧洲 U – Map 以 1997 年版的"国际教育标准分类"中的学科领域分类作为衡量分类覆盖面的指标；天野郁夫以研究功能的强弱与大小、大学的学科构成两个主要指标，构建了日本高等学校学科层次、数量的二维分类法④。

与国外这些典型分类法类似，国内多以学科门类数量⑤、学科占有度和均衡度及学科结构的综合性⑥、主干学科和强势学科的差异⑦、期刊论文⑧、"学科覆盖"⑨ 等从学科数量上区分综合性、多科性、单科性

①　杰罗姆・S. 布鲁纳：《教育过程》，上海师范大学外国教育研究室译，上海人民出版社 1973 年版，第 21 页。

②　庞青山、薛天祥：《大学学科结构的演进及其特点》，《教育研究》2005 年第 5 期。

③　陈士俊、王梅、李军：《论中国高校学科结构的协调发展》，《科学管理研究》2004 年第 6 期。

④　天野郁夫：《试论日本的大学分类》，《复旦教育论坛》2004 年第 5 期。

⑤　张爱龙：《中国高等学校的一种分类法》，《中国高等教育》2001 年第 3—4 期。

⑥　潘黎：《基于知识活动能力的普通高校分类研究》，大连理工大学博士学位论文 2009 年，第 79 页。

⑦　翟亚军：《大学学科建设模式研究》，中国科学技术大学博士学位论文 2007 年，第 95—117 页。

⑧　程莹：《基于学科特征的世界研究型大学分类——科学计量学的视角》，上海交通大学博士学位论文 2007 年，第 33 页。

⑨　刘向东、吕艳：《高等学校分类的实证研究——基于 75 所教育部直属高校和 19 所地方共建高校的分析》，《清华大学教育研究》2010 年第 4 期。

各类院校，按各类学科科研得分及在校生数①、"学科层次"② 等各类学科比例关系划分综合类、文理类、理科类、文科类、专业类等类院校。

总体来看，国内相关研究集中于从学科结构对高校进行分类研究，研究结论和分类结果与中国官方统计、传统分类体系基本保持一致。但分类方法的使用有待规范，指标体系比较单一、随意，主观经验成分过多，分类结果的应用不足。这为本书提供了一定的拓展空间。

二 研究方法与数据来源

综上，本书依照学科层次和类型两个维度界定学科结构。层次结构主要指专科、本科、硕士、博士等各层次专业数、大类数、门类数；类型结构则指按《普通高等学校本科专业目录（2012 年）》统计的十二大学科门类数。通过对数据的反复分析，我们发现高校各门类下学科专业数的可比性不佳，比如有的学科只在研究生阶段存在，有的高校一级学科较为集中，有的则刚好相反。若单纯按照学科数统计不能真实反映高校专业的现实，鉴于此，我们用学科专业的招生数代替学科数量结构。其中，博士、硕士与本科学科门类按照《授予博士、硕士学位和培养研究生的学科、专业目录》和《普通高等学校本科专业目录》中的学科对应关系进行转换；对于普通高职高专专业，首先对照《普通高职高专专业目录（统计用）》，先将其转换为普通本科专业，再按《普通高等学校本科专业目录新旧专业对照表》将其转换为对应的新本科专业，这样得到如下指标（见表5-5）。

表 5-5　　　　　　　　　湖北省高校学科专业分类指标

一级指标	二级指标
学科层次结构	专科专业数、大类数、门类数（L_ A1 - L_ A3）；本科专业数、大类数、门类数（L_ B1 - L_ B3）；硕士专业数、大类数、门类数（L_ M1 - L_ M3）；博士专业数、大类数、门类数（L_ D1 - L_ D3）
学科类型结构	法、工、管、教、经、理、历、农、文、医、艺、哲等十二大学科招生数（T_ 1 - T_ 12）

① 武书连：《再探大学分类》，《科学学与科学技术管理》2002 年第 10 期。
② 刘向东、吕艳：《高等学校分类的实证研究——基于 75 所教育部直属高校和 19 所地方共建高校的分析》，《清华大学教育研究》2010 年第 4 期。

2013 年，湖北省共有普通本专科院校、独立学院共 122 所，其中本科院校 67 所，高职高专 55 所，所有高校数据截止时间为 2013 年 7 月，研究生、本科专科招生人数和专业信息主要来源于省内各所高校的招生门户网站，缺失数据以教育部阳光高考及研究生招生信息网数据为补充。统计方法是实证分类研究的常用技术，其中最主要的是聚类分析。[①] 通过反复尝试，我们发现无论运用何种聚类分析技术，本科与高职高专类院校在招生数、学科层次结构方面的区别非常明显，后者都可自然归为一类，故本书仅对本科院校进行聚类分析。学科层次结构分析方面，由于专科、本科、硕士、博士各层次的专业数、专业大类数、专业门类数变量存在很大的相关性，因此首先根据因子分析进行降维处理，计算各成分的得分及综合得分，以此为变量进行聚类分析；学科类型结构分析方面，为尽量减少分类中的主观成分，我们并未按照《普通高等学校基本办学条件指标（试行）》（2004 年）中折合在校生数的计算方法，而是根据十二大学科的各层次招生数进行主成分分析确定权重，计算各学科门类的综合得分，再根据标准化的各学科综合得分进行聚类分析。本书利用 SPSS19.0 进行数据统计分析。

三　研究结果

湖北省普通高校分类结果可从学科层次和类型结构两个层面进行分析，这样的分类结果构成了一个院校矩阵。

（一）学科层次分类

因子分析的基本目的是用少数几个因子去描述许多指标或因素之间的联系。各变量存在较强的相关性是因子分析的前提，变量经标准化变换后，得出相关系数矩阵，通过 KMO 和 Bartlett 检验（KMO = 0.796 > 0.5 且 Bartlett 球型检验 p = 0.000 < 0.05），适合进行因子分析。

按照相关系数矩阵特征值大于 1 的标准，从原 12 个变量中抽取得到 3 个主因子来表达其信息储量。由表 5-6 可知，这 3 个主因子解释

[①] Donald H. , "Axonomic Approaches to Studying Strategy: Some Conceptual and Methodological Issues", *Journal of Management*, Vol. 10, No. 1, 1984.

的累计总方差达到92.0%，且经正交旋转后主因子所解释的累积总方差不变，只是分配在各指标的方差贡献度有所变化，丢失信息量较少，可代替原有指标进行分类。

表5－6　　　　　　　　　　　　方差贡献度

成分	初始特征值			旋转平方和载入方差		
	特征根	贡献率（%）	累积贡献率（%）	特征根	贡献率（%）	累积贡献率（%）
1	7.026	58.549	58.549	4.981	41.508	41.508
2	2.739	22.823	81.372	3.107	25.893	67.400
3	1.279	10.658	92.030	2.956	24.629	92.030
4	0.387	3.224	95.253			
5	0.237	1.978	97.231			
6	0.154	1.287	98.518			
7	0.072	0.602	99.121			
8	0.036	0.298	99.418			
9	0.026	0.221	99.639			
10	0.020	0.165	99.804			
11	0.017	0.139	99.943			
12	0.007	0.057	100.000			

因子分析中为便于对主因子进行解释，一般须对因子载荷矩阵进行旋转。本书选取最常用的因子载荷旋转方法，即方差最大化的正交旋转。经旋转后的原变量只在某一个因子上具有较大的载荷，而在其他因子上载荷较小，这就可实现主因子含义的清晰化，进而可直观地发现各因子所代表的原学科结构变量，实现分类模型结构的简化。从表5－7中经旋转后的因子载荷矩阵来看，硕士和博士层次、专科层次、本科层

次的各级学科（专业）分别在因子 1、因子 2 和因子 3 上具有较大的载荷，因此可将此 3 个因子依次视为研究生教育因子、专科教育因子和本科教育因子。运用这 3 个具有经济含义的主因子可替代原 12 个变量。

表 5-7　　　　　　　　　旋转因子矩阵及因子得分系数矩阵

原指标	旋转因子矩阵			因子得分系数矩阵		
	因子 1	因子 2	因子 3	因子 1	因子 2	因子 3
专科专业数（L_ A1）	-0.116	-0.029	0.962	0.072	-0.030	0.350
专科专业大类数（L_ A2）	-0.117	-0.043	0.972	0.077	-0.038	0.354
专科学科门类数（L_ A3）	-0.140	0.077	0.933	0.030	0.036	0.331
本科专业数（L_ B1）	0.522	0.815	-0.083	-0.048	0.300	-0.013
本科专业大类数（L_ B2）	0.383	0.894	0.007	-0.112	0.378	0.001
本科学科门类数（L_ B3）	0.108	0.898	0.135	-0.200	0.452	0.019
硕士专业数（L_ M1）	0.875	0.417	-0.151	0.187	-0.014	0.020
硕士一级学科数（L_ M2）	0.854	0.436	-0.205	0.168	0.005	-0.004
硕士学科门类数（L_ M3）	0.621	0.590	-0.308	0.027	0.160	-0.076
博士专业数（L_ D1）	0.946	0.132	-0.056	0.305	-0.194	0.078
博士一级学科数（L_ D2）	0.958	0.180	-0.088	0.292	-0.170	0.065
博士学科门类数（L_ D3）	0.900	0.255	-0.143	0.243	-0.109	0.034

利用表 5-7 中因子得分系数矩阵及原数据的标准化值计算各学校的各因子得分，则各学校的单因子得分函数可表示为：

$$F_{pi} = \sum_{j=2}^{12} a_{pj} x_{ji}$$

其中，F_{pi} 即是第 i 个机构在第 p 个因子上的得分，x_{ji} 是第 j 个变量在第 i 个机构上的值（用原数据标准化后的相应 z 分数值代替），a_{pj} 是第 p 个因子和第 j 个变量之间的因子值系数（用表 5-7 中旋转因子后的因子得分系数代替）。

以各因子对应的方差贡献率为权重计算各因子的加权平均数，从而得到综合因子的得分函数：

F = （0.58549 × F1 + 0.22823 × F2 + 0.10658 × F3）/0.92030

运用 SPSS19.0 层次聚类分析中的 Q 型聚类分析，选取单因子得分三个因子（F1、F2、F3）和综合因子得分（F）共四个变量对湖北省本科高校进行聚类分析。经多次尝试后，决定采用组间连接聚类法，使用平方欧式距离进行聚类分析。通过观察谱系图确定分类个数，最终将湖北省 67 所本科高校分为专科密集型、本科集中型、本科密集型、研究集中型、研究密集型 5 类（见表 5-8）。

表 5-8　　　　　　　　　湖北省本科院校学科层次分类

层次	专科密集型	本科集中型	本科密集型	研究集中型	研究密集型
特征	专科专业数、大类数、门类数最少为25、14和5	专科学科较少，本科专业数、大类数、门类数分别达到6、2、1以上	本科专业数、大类数、门类数分别达到54、38、10以上	本科学科较多，研究生教育较发达，硕士专业数、大类数、门类数分别达到87、31、7以上，博士专业数、大类数、门类数分别达到16、6和4以上	本科学科最多，研究生教育最发达，硕士专业数、大类数、门类数分别达到269、80、11以上，博士专业数、大类数、门类数分别达到187、46和9以上
校数	5	51	3	6	2

（二）学科类型分类

由于当前许多高校实行大类招生，依据学科数量为测度不能很好地反映各院校真实的学科差异。因而这里以各学科招生数代替，运用主成分分析法求得不同层次下各学科的综合得分，以此完成聚类分析。主成分分析的思路是用较少的变量去解释原来资料中的大部分变量，它可看作因子分析的一种特例。当前学界对于运用两种方法求综合评价成绩存在很大争议，这里我们以主成分负载中的载荷值与原数据标准化后的相应 z 分数之积表示该主成分的得分。各主成分得分函数可表示为：

$$F_{ki} = \sum_{j=2}^{4} b_{kj} y_{ji}$$

以法学专业为例。F_{ki} 即是第 i 个机构在第 k 个因子上的得分，y_{ji} 是第 i 个机构在第 j 个学科层次的值（用原数据标准化后的相应 z 分数值代替），b_{kj} 是第 k 个因子和第 j 个学科层次之间的因子值系数（用表 5－9 中成分矩阵中值代替）。

表 5－9　　　　　　　　　　　法学学科成分矩阵

	成分	
	1	2
Zscore（法学专科招生数）	0.018	0.969
Zscore（法学本科招生数）	0.776	0.295
Zscore（法学硕士招生数）	0.978	−0.103
Zscore（法学博士招生数）	0.889	−0.164

同样，以各因子对应的方差贡献率为权重计算各因子的加权平均数，从而得到法学学科综合因子的得分函数：

$$F = (0.58706 \times F1 + 0.26609 \times F2) / 0.85315$$

表 5－10　　　　法学学科方差贡献度（提取平方和载入）

成分	合计	方差的（%）	累积（%）
1	2.348	58.706	58.706
2	1.064	26.609	85.315

这样，依次得到工学、管理学、教育学、经济学、理学、历史学、农学、文学、哲学、医学、艺术学等学科综合得分。选择综合得分，按照前面同样的聚类方法，可将湖北省 67 所本科院校分为法学类、工科

类、教育类、经管类、农学类、医药类、艺术类、综合类 8 类（见表 5 – 11）。

表 5 – 11　　　　　　　　湖北省本科院校学科类型分类

学科类型	法学类	工科类	教育类	经管类	农学类	医药类	艺术类	综合类
特征	本类本科招生数 120 以上	本类本科、硕士招生数 731 人、227 人以上	本类本科招生数 39 以上	经济与管理类占绝对优势，尽管分类不均衡，本类本专科均值分别为 434 人、877 人	本类本科硕士招生 140 人、1533 人	本类专、本、硕、博分别达到 2033、2923、320、40 人以上	经济与管理类占绝对优势，尽管分类不均衡，本类本科招生均值 533 人	专科招生数极少，各类各层次招生规模具有绝对优势外，理科类本科招生 674 人以上、哲学类本科招生 33 人以上
校数	5	6	9	19	4	9	13	2

综上，湖北省 67 所本科高校结构矩阵可见表 5 – 12。

表 5 – 12　　　　　　　　湖北省 67 所本科高校学科结构分类

学科类型	研究密集型	研究集中型	本科密集型	本科集中型	专科密集型
法学类			湖北民族学院、中南民族大学	湖北民族学院科技学院、三峡大学、湖北警官学院	
工科类		武汉理工大学、中国地质大学（武汉）		武汉纺织大学、武汉工程大学、武汉科技大学、湖北工业大学	
教育类		湖北大学、华中师范大学		湖北师范学院、湖北文理学院、武汉体育学院体育科技学院、湖北师范学院文理学院、黄冈师范学院、武汉体育学院	湖北第二师范学院

续表

学科类型	研究密集型	研究集中型	本科密集型	本科集中型	专科密集型
经管类		中南财经政法大学		华中科技大学文华学院、华中科技大学武昌分校、江汉大学文理学院、武昌工学院、武汉大学珞珈学院、长江大学文理学院、汉口学院、湖北大学知行学院、武汉东湖学院、中国地质大学江城学院、武汉纺织大学外经贸学院、武汉理工大学华夏学院、中南财经政法大学武汉学院、湖北经济学院、湖北经济学院法商学院、武汉长江工商学院	湖北工业大学商贸学院、武汉商学院
农学类		华中农业大学	长江大学	武汉轻工大学	武汉生物工程学院
医药类				江汉大学、荆楚理工学院、三峡大学科技学院、武汉科技大学城市学院、武昌理工学院、湖北科技学院、湖北中医药大学、湖北医药学院、湖北医药学院药护学院	
艺术类				长江大学工程技术学院、湖北工程学院新技术学院、湖北工业大学工程技术学院、湖北汽车工业学院科技学院、湖北文理学院理工学院、武汉工程大学邮电与信息工程、湖北工程学院、湖北汽车工业学院、湖北美术学院、华中师范大学武汉传媒学院、武汉音乐学院、华中农业大学楚天学院	湖北理工学院
综合类	华中科技大学、武汉大学				

四 讨论

分类是识别高校特征的一种方法，高校分类研究的最终目标不仅是将机构分门别类，贴上对应的标签，更在于使用这种分类结果描述个体院校、高等教育系统的图景，分析其中所存在的问题。因此，从合目的性这个意义上看，任何分类法都其合理的一面，关键在于如何使用这些分类结果。本书抽取院校组织的基本单元学科专业作为分类依据，分类结果可用于诊断湖北省高校学科与产业发展的契合度，映射学科所出现的变化和问题，这对于把握高校的核心特征具有重要的研究意义。本书现就这些应用问题作进一步分析。

（一）学科结构与产业结构的相关性分析

高等教育的本质是一种专门教育，其任务是培养各类高级专门人才。从高等教育市场来看，实现入口与出口两大市场的对接便是这类教育的重要目标之一。由于高等教育固有的外溢性和人才培养活动的滞后性，加之全球化时代人才加速跨区域、跨行业领域流动，在一定区域内考察专业与产业的匹配度显得极为困难。但是，对于经济社会与高等教育发展极不同步的湖北省而言，吸引高校毕业生本地就业进而激发高等教育服务地方经济社会发展的活力是区域发展的迫切需要。《湖北省中长期人才发展规划纲要（2010—2020 年）》中对未来各行业人才需求进行了科学规划和预测，我们对其中提出的 2015 年及 2020 年湖北省经济和社会发展重点领域急需紧缺人才情况进行归纳分析。

其中，经济重点领域急需紧缺人才集中在钢铁、有色、汽车、装备、船舶、石化、纺织、轻工、电子信息、现代交通运输和物流十大重点产业，生物医药、环保、新材料、新能源、金融、旅游等高新技术产业和新兴产业，社会发展重点领域紧缺人才涉及教育、政法、宣传文化、社会工作、医药卫生等。我们参照《中华人民共和国学科分类与代码国家标准》和《学位授予和人才培养学科目录（2011 年）》，可将这些领域大致归入法学、工学、管理、教育、文学、医学、艺术等学科门类中，并根据 2015 年及 2020 年各类人才需求数推算得到期间各年相关行业人才需求数。由表 5－13 可知，假设专科、研究生阶段招生规模相对稳定，以 2013 年招生数并按四年人才培养周期推算，较之 2017 年，法学、教育、医学等专业人才供给尚有一定缺口。工学专业虽然短期供大于求,但长期来看仍需稳步扩大规模,而管理(加经济专业)、文学等专业人才供远过于求,这种局面长期来看都应得到高度重视。

表 5 - 13　2013 年湖北省普通高校招生数与中长期各类人才需求数

学科	招生数*	产业人才需求数				
	2013 年	2016 年	2017 年	2018 年	2019 年	2020 年
法学	11564	55069	57247	59539	61954	64500
工学	174390	147455	165216	185635	209177	236400
管理	83400	31443	33288	35242	37310	39500
教育	14655	200553	220504	242566	266976	294000
文学	26189	13551	14126	14725	15349	16000
医学	21322	147750	160529	174429	189550	206000
艺术	38573	78089	84845	92352	100702	110000
哲学	578	N/A	N/A	N/A	N/A	N/A
经济	16457	N/A	N/A	N/A	N/A	N/A
理学	24922	N/A	N/A	N/A	N/A	N/A
历史	986	N/A	N/A	N/A	N/A	N/A
农学	8427	N/A	N/A	N/A	N/A	N/A

注:*招生数包括湖北省 122 所本专科院校 2013 年普通专、本、硕、博阶段全部招生人数。

(二)学科结构自身所反映的问题

依学科层次和类型结构,我们可构建湖北省本科院校学科层次类型矩阵图。由图 5 - 1 可见,湖北省基本形成以研究密集型院校为先导、本科集中型院校为主、专科密集型院校为辅的本科院校体系,层次结构呈橄榄形,各类本科院校分工较为合理;院校类型分布趋于多元化,多数院校在不同层次均有覆盖。突出的问题反映在两个方面：其一，部分院校层次较为单一。作为本科中坚的本科密集型院校数量少，且集中于法学类和农学类院校，研究密集型院校的结构较为单一。其二，部分类型院校较为集中，在不同层次的分布较为单调。横向上看，综合类院校的匮乏较之农学类院校所具有的多样性形成鲜明反差。这说明湖北省属本科院校、非"985工程"的"211工程"院校学科集优、集全能力较低。同时，经管类、艺术类高校已取代了传统工科类院校在数量和多样性上的优势地位。根据《湖北省"十二五"规划纲要（2011—2015年）》，未来湖北省"将呈现制造业和服务业共同发展、高新技术产业和战略性新兴产业竞相发展的态势"，湖北省作为老重工业基地，经济结构的调整并不是牺牲这种优势，这两类院校的勃兴对区域经济社会发展目标实现、对高校毕业生就业的影响值得我们认真检视。

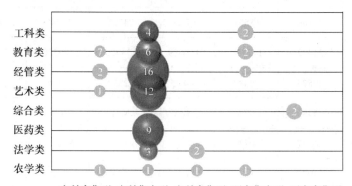

图 5-1　湖北省本科院校学科层次类型矩阵图

（三）学科层次分类与传统分类系统的比较

由表 5-14 可知，湖北省本科院校学科层次与传统层次分类存在中度相关关系（Fisher 精确检验值 48.477，$p < 0.001$；Cramer'V 值为0.682，$p < 0.001$）。各类院校似光谱状分布在专科与博士研究生教育两极内，院校层次体现在研究实力的强弱，两所"985工程"高校具有研究教育的绝对优势，而非"985工程"的"211工程"高校研究生教育较为发达，其他层次类院校均具有较为发达的本科教育。其中，4所"大学"层次院校本科与研究生教育不可小觑，该层次院校较之低层类

的"学院""独立学院"的学科优势显而易见。相反，"独立学院"与"学院"间的差异则不大，尽管"学院"层次出现了1所本科密集型院校，但荆楚理工学院、武汉商学院等新"晋级"的5所专科密集型院校的存在表明"学院"层的学科实力较弱。这说明，新建本科院校的学科实力亟待充实，而湖北省"独立学院"经过10余年的发展，整体办学实力不断提升，未来也将有更多的此类院校跻身"二本"学院行列。

表5-14　　　　湖北省本科院校学科与传统层次结构交互表

		学科层次					合计
		专科密集型	本科集中型	本科密集型	研究集中型	研究密集型	
传统层次	985	0	0	0	0	2	2
	211	0	0	0	4	0	4
	大学	0	8	2	2	0	12
	学院	4	16	1	0	0	21
	独立学院	1	27	0	0	0	28
合计		5	51	3	6	2	67

（四）学科类型分类与传统分类系统的比较

表5-15表明，湖北省本科院校的学科与传统类型结构具有同样的中度相关性（Fisher精确检验值102.382，$p < 0.001$；Cramer'V值为0.601，$p < 0.001$）。除1所农业类院校外，传统的财经、师范（与体育一道可归并为教育类）、艺术、医药、政法、民族（法学类学科为主）等类院校均可归为相应的学科类型之下，表明这些院校的固有学科特色得以保留。传统工科类、综合类院校分化较为普遍。在30所传统工科类院校中，工科学科优势明显的只有6所，其他院校分别向经管类、艺术类、医药类、农学类甚至法学类等学科发展。同时，传统的10所综合类院校中，只有2所真正体现出学科类型的综合性，其他院校在除工科类的各种学科中延伸学科优势。其中除了传统类型本身固有的原因外，更在于院校间，特别是作为主体的传统工科类和以文理见长的综合类院校，由于竞争和发展的需要而采取的转型策略使然。

表 5 – 15　　　　　湖北省本科院校学科与传统类型结构交互表

		学科类型								合计
		农学类	法学类	医药类	综合类	艺术类	经管类	教育类	工科类	
传统类型	工科	2	1	4	0	8	9	0	6	30
	综合	1	1	2	2	1	1	2	0	10
	财经	0	0	0	0	0	9	0	0	9
	师范	0	0	0	0	0	0	5	0	5
	艺术	0	0	0	0	3	0	0	0	3
	医药	0	0	3	0	0	0	0	0	3
	政法	0	1	0	0	0	0	0	0	1
	体育	0	0	0	0	0	0	2	0	2
	民族	0	2	0	0	0	0	0	0	2
	农业	1	0	0	0	1	0	0	0	2
合计		4	5	9	2	13	19	9	6	67

以上基于 2013 年面板数据得到的湖北省本科院校分类法，从学科层次和类型两个维度揭示出该省高等教育系统的多元图景，进而提出了一种新的分析与诊断区域院校结构的工具。本书的结论可谓从实践和理论两个方面提供了有益启示。

实践层面，湖北省应确立新的学科专业重心，适度发展行业性专业，限制应用文科的规模，进一步优化院校层次类型结构。理论层面，基于学科结构的分类法具有很好的写实性，应确立以量化方法为主的现实类型研究方法体系，重视分类工具及分类结果的应用。

第三节　高等学校现实类型的特征与存在的问题

以上以湖北省高等教育系统为例的多维分类和综合分类，部分揭示了中国高等学校类型体系的特征。这些分析只是客观地反映了高等学校存在状态，有必要总结这些类型体系的基本特征，并根据中国高等教育发展实际和国外的相关经验，借助理想类型工具的分类分析维度对此作出价值判断，以进一步明晰中国高等教育类型结构所存在的问题。

一　高等学校现实类型的特征

（一）类型体系的同一性

中国现实的高等学校类型体系主要有如下几种：（1）重点建设的类型。从"院系调整"开始，中国就开始设定各类重点大学，经过不同时期的调整和扩充后，虽不断有新的机构被划入其中，但那些早期的重点大学普遍更能在下次的重点工程建设中处于重中之重的位置。（2）学科门类的类型。按照学科门类的类别，可分为综合、理工、农业、林业、医药、师范、语言、财经、政法、体育、艺术、民族等院校，按照学科的数量则分综合性、多科性和单科性（专门性）院校。1999年高校大合并以前，这种划分本质上是以单科性大学为基础的，而且所谓综合往往只是文理两科的综合。（3）隶属关系的类型。中国已形成中央各部委、地方政府和中心城市三级管理高等教育办学体制。

学界的分类维度和结果各异。（1）按照高等学校三大职能进行的分类。一般来说，这种分类法即通常所谓的"三分法"和"四分法"，归类得到研究型、教学研究型、教学型和职业型院校，后两种有时被称为本科大学（学院）、专科学院[①]，或者增加（教学）服务型大学等类型[②]。（2）依照联合国教科文组织的"国际教育标准分类"或根据人才培养的分类。依此得到学术型大学、应用型本科高校、职业技术高校等类机构。[③]（3）依照卡内基分类法的基础分类得到的高等学校类型。典型的是得到授予博士学位的大学、授予硕士学位的大学、授予学士学位的大学、普通专科学院、成人专科学院等类型机构。[④]

这些分类法尽管分类指标、分类结果的称谓各异，但类型体系大体上是相通的。综合以上对湖北省普通高校的分类法，在以重点大学建设

[①] 王义遒：《多样化：中国高等教育大众化的关键》，《北京大学教育评论》2003年第4期。

[②] 刘献君：《建设教学服务型大学——兼论高等学校分类》，《教育研究》2007年第7期。

[③] 潘懋元、董立平：《关于高等学校分类、定位、特色发展的探讨》，《教育研究》2009年第2期。

[④] 张振刚：《中国研究型大学分类研究》，《高等工程教育研究》2002年第4期。

划分得到的四类大学中："985 工程"大学通常是学科门类和办学层次齐备的综合性大学、部属大学，同时也是所谓的研究型大学的主体，它们当然也是学术型大学、博士类大学、研究密集型院校；"211 工程"大学则属于多科性大学——尽管学科门类多、办学层次相对齐备，但内部综合性不高，同时多是部属大学、教学研究型大学，以培养学术型、应用型人才为办学目标，所授予的最高学位层次是博士，也属于本书所得到的研究集中型院校；而大量的省属本科院校虽然门类学科较齐备，但学科内部的综合程度远远低于前两类机构，它们是教学型高等学校，以培养应用型人才为主，所授予的最高学位多是硕士、学士，包括本科密集型、本科集中型、专科密集型本科院校；高职高专类机构是职业型机构，培养专科层次的职业技术型人才，可将其单独划为一类。

表 5 – 16 中国高等学校分类体系对应表

	类型 1	类型 2	类型 3	类型 4
重点建设	985	211	省属本科	高职高专
隶属关系	部属	部属、省属	省属、市属	市属、省属
办学职能	研究型	教学研究型	教学型	职业型
人才培养	学术型	学术型、应用型	应用型	职业技术型
办学层次	博士	博士、硕士为主	硕士、学士为主	专科
学科结构	研究密集型	研究集中型	本科密集型、本科集中型、专科密集型	高职高专

（二）类型体系的层级性

这种高度同一的类型体系同时体现出层级制结构的特征。湖北省普通高校依学科结构而得到的分类法便将院校内部的层级关系显现无遗：该省7 所"211 工程"大学中的 2 所"985 工程"大学被自然地划分出来，高职高专类也自成一类，其中是大量的本科类高校。1985 年教育体制改革以来，中国逐渐将大量的中央及各行业部门属高校下放到地方，打破了高等教育条块分割的办学格局，最后集中到各部委下管理的机构汇集了最优质的高等教育资源。这些机构无疑都位于中国相应类型高等教育的顶端，是名副其实的高等教育国家队。以此为基础打造的"211 工程"、"985 工程"类大学，其内部也存在特定的层级结构。大量的省属院校复制了国家高等教育的这种层次结构，其下又设置相应的省属重点和一般本科、重点和一般高职高专类院校，在这个公立高等教育体系的光圈之外，是办学声誉和水平相对较低的独立学院、民办院校。

高等学校类型体系的层级性也体现出固有的"重学轻术"传统。高等教育金字塔只是被学界、社会和官方用不同的维度来描述，其实质内容和地位阶层架构相差不大。顶端的机构是"985 工程"、有研究生院的、"211 工程"大学，中间是大量的省属本科院校，底部则由数量庞大的高职高专类机构组成。职业型院校是高等学校类型体系中的"下等公民"，它与一般本科院校在招生就业、人才培养、学制、学位层次、办学资源、职能等方面的差距远大于一般本科院校与顶部精英机构的差距。不同机构间的分层以职能大小为依据，也是以学术研究能力的重要性和大小为区分维度。正是由于这样的原因，职业型院校在整个高等教育体系中的特殊地位，使它们面临着是高等教育还是职业教育这样的角色模糊问题。因此，办学职业性导向的大小成为区分所有机构的一种显要标准。

二　知识维度的问题

第四章所抽取的高等学校的理想类型是我们分析现实机构类型体系的重要工具。从知识维度来看，围绕高深知识，理想的高等学校具有"为知识"和"用知识"的组织属性。相应地，现实高等教育科类和层次结构理应相对均衡，学术型与应用型高等学校应当分工明确、各尽其能，但中国高等学校的现实类型在此存在一些不容忽视的问题。

（一）高等教育科类结构失衡

知识维度下院校划分维度是科类结构。按照最新 2012 年版学科专业目录，我们可将其中的哲学、理学、历史学、文学 4 个学科归为基础学科，将经济学、法学、教育学、工学、农学、医学、管理学、艺术学 8 个学科归为应用学科。由表 5 - 17，从学科专业看，应用学科是高等教育的主体；工科作为第一大学科，相应各层次专业数、专业点数和的比重几乎都占相应全部学科的三成以上。这种特征在研究生教育段丝毫没有弱化。此外，本科阶段中，应用型文科专业管理学、艺术学学科布点相对较多，而哲学、历史学"冷门"学科明显不被看好，开设率相对较低；在硕士、博士教育阶段，工科专业表现更为抢眼，开设率均高于其在学科结构中的比重，而许多理学专业则无人问津，研究生阶段的"工进理退"现象值得反思。

表 5 – 17　　　　　　　2014 年中国普通高等教育科类结构　　　　（单位:%）

	哲学	经济学	法学	教育学	文学	历史学	理学	工学	农学	医学	管理学	艺术学	合计（个）
本种数	0.8	3.5	6.4	3.0	13.3	1.2	8.1	33.6	5.7	8.9	9.2	6.4	596
本点数	0.2	4.9	3.6	3.8	10.1	0.7	10.3	32.5	2.3	3.4	17.5	10.7	47323
硕种数	1.7	3.6	7.2	4.0	4.0	2.1	21.6	29.1	8.5	12.5	3.6	2.3	529
硕点数	2.5	6.2	10.1	3.7	6.6	0.2	15.1	32.0	4.2	11.8	7.1	0.5	21402
博种数	1.7	3.6	7.2	3.8	4.5	1.5	21.7	29.1	8.5	12.7	3.4	2.3	529
博点数	2.3	5.5	7.2	2.7	5.4	1.2	18.3	30.4	5.6	15.5	5.1	0.9	7511

数据来源：根据教育部阳光高考网、研究生招生信息网公布的 2014 年度"学科专业库"资料统计整理（下同）。其中"本种数""研种数""博种数"分别指本科、硕士、博士专业数，"本点数""研点数""博点数"指开设这些专业的机构数。

高等教育科类结构的现状实际上可反映中国高等学校类型体系的结构状况。见表 5 – 18，按照基于学科特征的院校分类法，2014 年中国工科、综合类、师范类和财经类院校是数量最多的四类院校，应用类学科、机构是高等教育的主体。这些说明中国高等教育科类结构主要适应的是社会需求的逻辑，知识自身发展的需要很难说得到了充分满足。

表 5 – 18　　　　　　　2014 年中国普通高等学校结构*　　　　（单位:%）

	综合	工科	农业	林业	医学	师范	语言	财经	政法	体育	艺术	民族
专科	23.47	37.19	3.17	0.70	7.69	10.25	1.66	8.39	2.56	0.95	3.47	0.50
本科	25.22	29.36	1.90	0.60	8.81	14.51	2.16	8.46	2.59	1.38	3.71	1.30

注：*根据教育部阳光高考网招生院校库信息整理，不含军事院校。

（二）学术型高等教育机构的基础研究规模大而不强

学术型高等教育机构是为知识而知识的组织，是与基础学科、基础科学研究相对应的机构。官方和学界的统计分析都已表明，高等学校已成为自主创新体系的主力军。根据中科院、工程院新增院士评选结果和教育部统计数据整理得出，全国现有中国科学院院士 827 人，中国工程院院士 868 人，其中分别有 452 人、392 人来自高校，高校拥有 54.7% 的科学院士和 45.2% 的工程院士。[①] 如表 5 - 19 所示，2012 年，高校 R&D 投入中 R&D 人员全时当量、R&D 经费支出虽仅占全国的 9.7%、7.6%，但其中基础研究、应用研究的比重相当大，基础研究中来自高校的人员全时当量、经费支出分别达到 66%、40.1%，而应用研究中这两者的比重则分别占到 40.1%、34.7%；科技产出及成果方面，在全国 152 万篇科技论文中，来自高校的占到 7 成以上，高校产出 3.9 万种科技著作，占到全国的 83%。

表 5 - 19　　　　　　　　中国高等学校科技活动情况表

	R&D 人员全时当量（万人年）				R&D 经费支出（亿元）				科技产出及成果情况			
	总计	基础研究	应用研究	试验发展	总计	基础研究	应用研究	试验发展	发表科技论文（万篇）	出版科技著作（万种）	专利申请受理数（万件）	专利申请授权数（万件）
全国	324.7	21.2	38.4	265.1	10298.4	498.8	1162.0	8637.6	152	4.7	205.1	125.5
高校	31.4	14.0	15.4	1.9	780.6	275.7	402.7	102.2	111.8	3.9	11.3	7.5
高校占比	9.7%	66.0%	40.1%	0.7%	7.6%	55.3%	34.7%	1.2%	73.6%	83.0%	5.5%	6.0%

数据来源：中华人民共和国国家统计局编《中国统计年鉴 2013》。

---

①　根据中国科学院、中国工程院 2009—2013 年新增院士整理，2009 年前数据来自教育部网站统计，见 http：//www. moe. gov. cn/publicfiles/business/htmlfiles/moe/moe_ 659/200910/53807. html。

　　但是，普通高校在基础研究、基础学科方面的整体实力仍与发达国家研究型大学有着不小的差距。以 SCI 论文为例，中国知名大学近几年发表的 SCI 论文每年大约在 1500—2000 篇，为世界著名大学的 1/3，论文总被引用次数和篇均被引用次数远远低于国际著名院校。中国进入世界前 100 名的科研机构，仅有中国科学院 1 个，美国以哈佛大学为首共有 62 个，日本有 5 个，德国有 3 个，法国有 3 个，英国有 7 个。[①] 普通高校高水平论文多集中在材料学、工程学、计算机科学等应用性学科领域，在物理学、数学、化学等基础学科领域初步具有了一定的学科优势，但基础学科领域的整体实力仍非常薄弱。

　　（三）应用型高等教育机构的知识转化能力不强

　　工科院校、工程专业是应用型高等教育的主要组成部分，是知识转化为技术和生产力的重要中介。自 2000 年以来，中国高校在知识转化方面保持了快速增长势头。以发明专利为例，2012 年高校专利申请数为 113430 项，占当年国内专利申请总数的 5.5%；其中发明专利申请量为 66755 项，占到国内相关专利申请量的 10.2%。[②] 高校特别是应用型机构已成为知识转化的生产军。

　　与科技成果总量的大幅增长相比，科技成果转化率低是知识转化面临的突出问题。由于科研导向与市场严重脱节，很多成果从立项之初就注定了不可能转化。大批研究成果往往在完成成果鉴定、论文发表、职称评定、奖项申报的"自我循环"后，就被束之高阁。[③]《中华人民共和国国家知识产权局 2008 年度报告》显示，2007 年高校成果转化率平均还不到 20%，真正实现产业化的不足 5%，与发达国家近 80% 的转化率相去甚远。[④] 2000 年至 2013 年度，高校共获得 15.87 万件授权发明专利，仅占获得授权发明专利数量的 21.65%，高校平均每年获得 1.13 万件授权发明专利，研究机构、分司企业分别为 0.44 万件、5.24 万

　　① 明炬：《高校基础研究现状分析与发展建议》，《中国高校科技与产业化》2010 年第 9 期。

　　② 根据中华人民共和国国家统计局编《中国统计年鉴 2013》计算整理。

　　③ 蔡玉高：《让自主创新成为发展转型的亮丽风景》，《半月谈》2010 年第 19 期。

　　④ 任媛：《高校科技成果转化路在何方?》，《中国知识产权报》2009 年 5 月 27 日。

件,高校在科研成果转化为现实生产力方面所存在的"短板"是显而易见的。[1]

三　教育维度的问题

高等教育活动的终极目标应专注于促进人的全面自由的发展、满足人更高层次的需要。围绕促进人的心智发展还是更好地满足于人的社会化的需要,以下对中国机构类型体系存在的教育问题进行分析。

（一）普通高等教育价值异化

普通高等教育是以培养高级专门人才的专业教育,它从诞生之日起便处于教育系统的顶端,其本质是一种精英教育。在大众化和普及化阶段,尽管我们应该坚持多元化的高等教育质量观,但培养精英的教育理念却不应被弱化。高等教育机构的分层不应以培养纯学术型人才的多少、研究职能的大小来衡量,而只能凭借其各类人才的培养能力的大小来区分。而中国高等教育分层体系的体制基础仍是被异化的精英一元论,这与大众化阶段高等教育的多元化发展实践是相冲突的。

普通高等教育的另一个重要要义即是对人的完善和个性的自我解放。而当前高等教育却过于强调对社会所需人才的培养,高等学校类型体系的基础是国家、社会对人才的需求。如表 5 - 20 所示,普通高等教育所培养的各级人才中,工学、管理学、医学等应用学科的毕业生的比重过大。过度实用化的高等教育观后果将是可怕的,因为"社会发展的需要成为证实,个人发展的需要降到了从属地位。因而,整个教育成了复制'人才'的机器,学生就成了'流水线'上的一个被动地接受'组装'的'产品部件'"[2]。通识教育的地位一再被贬低,直接面向国家和就业市场的专业教育大行其道,在各种统计年鉴和民间的大学排行榜中,就业率、毕业生的薪水经常被作为衡量机构教育水平的重要指标。而真正体现高等教育价值的毕业生综合素质、社会声誉和道德品质等指标却往往被忽略。

---

① 柯进:《2013 中国科技论文含金量几何》,《中国教育报》2014 年 10 月 14 日。

② 张应强:《高等教育现代化的反思与建构》,黑龙江教育出版社 2000 年版,第 226 页。

表5－20　　2012年中国普通高等教育本科及以上各类毕业生情况　　（单位:%）

	哲学	经济学	法学	教育学	文学	历史学	理学	工学	农学	医学	管理学	艺术学	总计（人）
本科	0.1	6.2	4.0	3.4	11.4	0.5	9.7	31.7	1.8	5.9	17.4	7.9	3038473
硕士	0.9	4.1	8.8	5.2	6.5	1.1	9.1	34.5	3.1	11.1	12.7	2.7	427709
博士	1.5	4.4	5.5	2.1	4.0	1.6	17.2	34.8	4.5	15.8	7.8	0.8	48105

数据来源：中华人民共和国国家统计局编《中国统计年鉴2013》。

（二）精英高等教育机构泛化

理想类型中的精英高等教育旨在培养真正的公共知识分子、科学家、工程师、学术大家、政治领袖等国家精英。因此，精英高等教育机构对办学条件、师资水平、学生素质和机构设置等方面都提出更严格的要求，理应维持相对高的入学选择性和相对稳定的办学规模。然而，随着1999年大扩招以来，中国精英高等教育机构不仅参与了这股扩招潮，而且办学职能实现了"向下漂移"。

首先是精英教育规模的扩大。大扩招期间，中央部委直属的普通高校作为精英高等教育机构的典型，办学规模扩张的幅度虽远小于其他类高校，但绝对值却不小。根据教育部网站相关统计显示，2008—2012年4年间，中央部委直属高校在校生规模由319.4万增加到346.7万，增加了8.5%，本专科生变化不大，在校成人本专科生、普通专科生分别减少1.5%、1.8%，在校本科生数增长了5.8%。但研究生扩招速度比较迅猛，在校硕士生、博士生分别增加31.2%、23.1%。这说明，中国精英高等教育机构在维系自身精英性的同时，促成了精英教育的下移和扩大化。

其次是办学职能的扩大。扩招以来，以"211工程"大学为主体的精英机构，不仅没有将成人教育、高等教育自学考试、专科教育等这些本应由大众高等教育机构实施的职能完全分离出去，反而又不断增设了高职学院、网络和远程教育学院、独立学院。在教育部公布的"2013年可开展网络教育的学校名单"中，共有"211工程"大学（按116所计算）62所，占总数的91.2%，占全部"211工程"大学总数的53.4%。截至2014年6月18日，全国共有独立学院283所，其中"母

体"是"211 工程"大学的有 87 所,这占独立学院总数的 3 成;
64.7%（75 所）的"211 工程"大学举办有独立学院,其中举办有 2
所独立学院的有 11 所。以湖北省为例,7 所"211 工程"大学中有 6 所
举办了独立学院、5 所具有在 2013 年开展网络教育的资格。

（三）大众高等教育机构特色缺乏

大众高等教育机构直接面向社会,一方面要培养精英,即经济界、
技术界、社区服务等领域所需的高级人才,另一方面应履行知识传播的
职能,全面普及专业知识、传播应用技术,它们在办学形式、教育内
容、组织结构等方面表现出精英机构所不具备的多样性特色。这同时也
是高等教育的大众化得以实现的制度基础。

中国大众与精英高等教育机构的主要差别是办学层次,其他的不同
都与此相关。如此,高职院校是本科院校的简化版,一旦这些院校升格
成功,它们便自然地不再属于职业院校。而普通本科院校与处于金字塔
尖的精英机构的区分维度同样如此,后者几乎垄断了博士教育,这也是
为什么论者可以轻易区分研究型大学与一般大学的部分原因。笔者前述
对湖北省普通高校和独立学院的学科统计也显示,独立学院与其"母
体"在专业设置上具有一致性。正是这种简单的高等教育秩序,使得大
众机构可以甚至必须复制精英机构的办学模式,以便实现地位和等级的
向上流动,致使大众高等教育逐渐失去灵活、多样的办学特色。

第六章　高等学校的发展类型：后大众化时代的分类政策

　　中国高等学校分类指向高等教育结构的动态调整问题，这是它与国外或一般意义上的静态的、某一时间截面上的机构分类研究的基本差异，也是其真正的难点所在。

　　事实上，预测未来高等教育的发展走向是非常困难的，但国家出台关于未来中长期各项事业的发展规划，这些纲领性的文件为中长期高等教育的发展指明了方向，为我们预测后大众化时代的高等学校类型化发展趋势提供了可能。因此，以下将针对未来中长期高等教育结构调整的背景和目标，从知识和学科的分化、社会对高等教育的需求等方面探讨未来中国高等学校的分类政策。

第一节　未来中长期高等教育结构调整的背景与目标

　　未来10年的中长期是中国改革发展的关键时期。世界格局的多样化、经济全球化和一体化的趋势将日益明显，国家之间围绕资源、市场、人才、科技、标准等方面的竞争将日益激烈。中国经济社会将加速转型，工业化与城镇化也将进一步推进，国家综合实力将得到显著增强。而环境污染、人口持续增长、自然资源短缺等方面的压力依然存在，未来中国的发展将越来越依靠科技和人才。这为中国中长期高等教育的发展和结构调整提出了新的更高的要求。

一　中长期高等教育发展的背景

（一）国际背景

其一，知识经济持续发展。自 20 世纪 80 年代初保罗·罗默提出"新经济增长理论"以来，知识作为促进经济社会发展重要生产要素的地位逐渐为世人所认同。1996 年，OECD 明确地将知识经济界定为"直接以知识和信息的生产、分配和使用为基础的经济"①。它表明世界经济将日益依靠高新技术的投入、高新技术工业，而不是技术熟练的劳动力和与之相联系的生产力的提高。20 世纪 80 年代至今，发达国家知识经济产业增加值的比重已超过了 26%，OECD 主要成员国 GDP 增长的50% 以上是由知识经济的发展带来的。② 近年来，虽然发达国家面临严重的经济危机，但科学技术和知识创新对于世界持久的经济复苏和长期的经济增长前景无疑也将发挥至关重要的作用。③

其二，科技和人才竞争日益激烈。发达国家拥有凭借先发优势，通过制定各种技术标准、技术输出、成果转让等方式已牢牢把握了世界科技发展的脉搏。为巩固科技和人才优势，这些国家不断加大对R&D 活动和高等教育事业的投入，制定并实施各种人才优惠政策，吸引和争夺国外各类优秀人才，以进一步抢占未来发展的战略制高点。以美国为例，2008 年兰德公司的研究表明，美国科技、工程、创新活动、受过高等教育的人力资源等方面都处于世界领先水平，而"美国受益于外国工程类毕业生的涌入。面对工程类毕业生的增长放缓（年均增长约 1.5%），正是外国人帮助美国实现了工程领域就业的快速增长（自 1980 年以来年均增长 4.2%）"④。发展中国家虽投入巨资进行技术开发、引进国外先进技术标准和提高高等教育质量，但难免在不公平的国际竞争中落败，其结果往往是市场被国外企业占有、人才

---

① OECD, *The Knowledge Based economy*, Paris: Head of Publications Service, 1996, p. 7.

② 杜希双:《基普分析之十四: 中国与发达国家知识经济发展比较分析》（http://www. stats. gov. cn/tjfx/ztfx/decjbdwpc/t20030611_ 83195. htm）。

③ OECD, *OECD Science, Technology and Industry Outlook* 2010 （http://dx. doi. org/10. 1787/sti_ outlook –2010 – en）.

④ Titus Galama and James Hosek, *U. S. Competitiveness in Science and Technology*, Santa Monica, CA: RAND Corporation, 2008, p. xx.

外流严重。

其三，高等教育追求卓越和扩大规模同在。在全球化浪潮的影响下，国家竞争的需要将高等教育从社会的中心推到世界的前台，世界高等教育因而势必朝着两个方向发展。一是对世界一流大学的普遍追求。不论是在发达国家还是欠发达国家、英语语系还是非英语语系国家，研究型大学、世界一流大学都是时髦词，因为这样的机构不仅创造出最尖端的科技成果、培养拔尖创新人才，而且使国家获得国际竞争的资本。二是积极扩大高等教育的规模，提高高等教育毛入学率。受高等教育已成为知识经济时代人生存和发展的基本条件，终身学习的理念已深入人心，《世界人权宣言》第 26 条第一款就曾明确指出："高等教育应根据成绩对一切人平等开放。"世界范围内的高等教育大众化势不可当，根据联合国教科文组织的统计，国际高等教育毛入学率已由 1999 年的18% 急速上升到 2008 年的 26%。①

（二）国内背景

其一，经济社会转型加速。中国长期以来粗放式的、劳动密集型的经济发展方式，造成自然资源的极大耗费，自然环境也受到了极大的破坏。当前，中国发展中面临的诸多问题，如中国人口三大高峰的来临、能源和自然资源的过度开发和利用、环境保护的压力持续上升、城镇化与三农问题等。这些都要求我们切实落实科学发展观，加快经济和社会发展方式的转型。其中所涉及的人口结构的变化、科技创新和经济新增长点的提出等许多方面都与高等教育的活动密切相关。

其二，高等教育的重要性已深入人心。自邓小平同志提出"科学技术是第一生产力"的著名论断以来，高等教育在促进经济发展和社会进步中的重要作用逐渐被人们所接受。它正日益深入地卷入中国经济社会生活各个方面，成为推动中国经济发展的驱动力量。近来中央明确提出深入实施科教兴国战略和人才强国战略、加快建设创新型国家，其中的关键环节就是要发挥中国的人才资源优势，促进经济发展方式转变，从而为中国全面建设小康社会提供坚实的科技和人力资源支持。

---

① UNESCO, *Tertiary Indicators*（http://stats. uis. unesco. org/unesco/TableViewer/tableView. aspx? ReportId =167）.

其三,高等教育进入全面提高质量和体系完善的新的发展阶段。经过 20 世纪 90 年代末以来的大发展,中国初步形成了世界上规模最大的、具有中国特色的社会主义高等教育体系。但"大"并不意味着"强",特别是经过 10 多年持续扩招,在高等教育规模大幅扩大的同时,中国高等教育资源投入却没有得到相应的提高,现有高等学校的办学潜力在得到充分开发的同时,高等教育质量问题却日益突出,高水平大学建设仍任重而道远。同时,现有的结构体系还不能满足经济社会发展的需要,高等学校层次和类型模糊,办学特色不鲜明。因此,中国高等教育发展一方面是继续以"质量工程"为抓手,全面提高高等教育质量;另一方面是完善高等教育体系,促进高等教育系统的整体升级。

二　中长期规划及对高等教育发展的要求

(一)中长期科技发展战略目标

《国家中长期科学和技术发展规划纲要 (2010—2020)》(以下简称《科技纲要》)是响应党的十六大关于全面建设小康社会、加快中国现代化建设的要求而制定的中国科技长远发展规划。为切实提高中国的核心竞争力和国际影响力,未来中国科技工作将贯彻"自主创新、重点跨越、支撑发展、引领未来"的指导方针,将进一步突出提高创新能力在科技工作中的目标要求,培养和凝聚更多的科技人才。为此《科技纲要》确定了装备制造业和信息产业、农业、能源开发与合理利用、重大疾病防治、国防科技等领域科技发展的要求,中国科学技术的发展目标是:"自主创新能力显著增强""基础科学和前沿技术研究综合实力显著增强""进入创新型国家行列"。

(二)中长期人才发展战略目标

《国家中长期人才发展规划纲要 (2006—2020)》(以下简称《人才纲要》)的研制和实施则直接对应于党的十七大所提出的人才强国战略的总体要求。国家的繁荣昌盛、人民生活水平的提高归根结底都要依靠国民素质的提高。改革开放 30 多年来,中国已完成了由人口大国向人力资源大国的历史性转变,初步建立了适于各类人才成长和自由流动的体制机制,人才强国战略已成为中国经济社会发展的一项基本国策。

但是，高层次、高技能、复合型人才的数量仍与发达国家存在相当大的差距，人才结构和整体水平仍不能满足社会主义现代化建设的需要。为此，《人才纲要》确立了"服务发展、人才优先、以用为本、创新机制、高端引领、整体开发"的未来中国人才发展战略的指导方针，明确提出"培养和造就规模宏大、结构优化、布局合理、素质优良的人才队伍"，以使中国"进入世界人才强国行列"的人才发展目标。

（三）中长期教育发展战略目标

《国家中长期教育改革和发展规划纲要（2010—2020）》（以下简称《教育纲要》）是根据党的十七大关于"优先发展教育，建设人力资源强国"的重要部署而研制的教育事业战略规划。应对中国教育还不能完全适应国家经济社会发展、还不能完全满足人民群众接受高质量教育要求的现实，《教育纲要》为此确立了"优先发展、育人为本、改革创新、促进公平、提高质量"的教育工作方针，明确提出未来中国教育事业的战略目标，即"到2020年，基本实现教育现代化，基本形成学习型社会，进入人力资源强国行列"，从而实现更高水平的普及教育、形成惠及全民的公平教育、提供更加丰富的优质教育、构建体系完备的终身教育、健全充满活力的教育体制等具体任务。

（四）高等教育是中长期规划对象的核心区

中国中长期科技、人才和教育事业发展规划纲要分别以创新型国家、人才强国和人才资源强国建设为目标，为我们勾画了未来中国国家和经济社会发展的宏伟蓝图。全面落实科教兴国战略、人才强国战略和可持续发展战略三大发展纲要虽任务和侧重点不同，但所指对象却都无一例外地以教育特别是高等教育为基础和中心。

高等学校是科研创新的主力军。国家创新体系包括知识创新系统、技术创新系统、知识传播系统和知识应用系统四部分，其主要组成部分是以大型企业集团和从事高技术产业为代表的企业、各级各类科研机构和高等学校。

高等教育发展的情况也是人力资源强国和人力强国的重要指标。人力资源强国一般包括四个指标：主要劳动年龄组人口平均受教育年限、新增劳动力平均受教育年限、主要劳动年龄组人口中受过高等教育人数的比例、人力资源规模。这些指标都与高等教育直接相关。[①] 而人力强国的主要指标则包括人才资源总量、每万劳动力中研发人员、高技能人才占技能劳动者比例、主要劳动年龄人口接受高等教育的比例、人力资本投资占 GDP 的比例、人才贡献率等方面。[②] 显然,高等教育也是实现人力资源强国和人才强国的重要支撑。

(五) 中长期高等教育发展的历史使命

国家中长期各项事业的战略规划对高等教育发展提出了新的要求。一是不断提高高等教育人才培养质量和科学研究水平,提供更加丰富的优质高等教育资源,满足国家各项事业发展的需要和人民群众对接受优质高等教育服务的需要;二是继续稳步扩大高等教育的规模,实现更高水平的大众化高等教育,提高高等教育毛入学率,实现 2020 年人力资源开发的主要目标;三是优化高等教育结构,进一步完善中国特色社会主义高等教育体系,优化普通高等教育、高等职业教育和继续教育的层次和结构,构建终身教育体系。总之,中长期高等教育发展将越来越倾向于整个系统结构的完善和高等教育质量的全面提升。

三　中长期高等教育层次和科类结构调整的目标

中国中长期高等教育发展最基本的特征无疑是大众化的持续推进,并稳步进入到所谓的后大众化阶段。

什么是高等教育的后大众化阶段呢? 无论是从规模还是实质指标来看,特罗所言的大众化到普及化的跨度很大,由于社会政治经济和系统本身的差异,不同的高等教育系统进入普及化的进程并不完全相同。国外许多学者早就注意到了这一点,如日本的有本章,美国的罗伯特·吉姆斯基和佩特里夏·甘波特等。它是指这样的高等教育发展阶段:在中国高等教育大众化发展到一定时期,办学规模经过一段时间 (例如 10 年) 的快速扩张,达到一定的量 (例如毛入学率达到 25%) 之后,进入一个发展的平缓期 (平台期),出现一些异于特罗关于高等教育大众化的特征,需要

---

① 胡瑞文:《〈国家中长期教育改革与发展规划纲要〉主要精神解读与热点、难点探析》,《中国高等教育评估》2010 年第 2 期。

② 张炳升、曹建文:《十年,迈入人才强国行列》,《光明日报》2010 年 5 月 28 日。

对发展中出现的种种问题进行反思，并作出政策调整，这样的一个时期直至普及化的到来，就是高等教育发展的"后大众化阶段"。[①]

由大众化向后大众化阶段的转变不单意味着高等教育规模的扩大，而且是综合规模与质量两方面发展指标的判断，这种转变也是中国高等教育体系得到完善的过程。中国高等学校分类主要涉及其中的高等教育科类和层次结构调整问题，中长期相关目标主要体现在如下几个方面。

其一，稳步扩大各类高等教育的规模，优化高等教育人才培养结构。见表6-1，2009—2020年间，中国高等教育毛入学率将由24.2%稳步提高到40%。考虑到未来中国高等教育适龄人口的下降和现阶段高等教育招生增幅的力度，其实这是一个不难达到的目标。据预测，18—22岁人口将由2009年的1.23亿人减至2020年的8900万人，即使不考虑这个因素，按高等教育招生量年均增长1.6%计算，中国即可实现2020年的高等教育毛入学率达40%的目标。[②]

从教育活动所培养的人才面向来看，高等教育包括以实施技术教育为主的高等职业教育和以实施学术教育、工程教育为主的专业（学科）教育，分别培养职业型人才、学术型人才和应用型人才。随着产业的升级和社会发展，这三类人才的规模和结构应进行相应的调整。高等职业教育、本科教育和研究生教育的在校生占高等教育总在校生的比例，将分别由2009年的45.3%、49.8%和5%调整到2020年的44.8%、49.1%和6.1%，增幅最快的是研究生和高等职业在校生，这与未来中国强调自主创新和新型工业化对人才的需求是同步的。

表6-1　　　　　　　　　　中长期高等教育人才培养目标

指标	2009年	2015年	2020年
高等教育毛入学率（%）	24.2	36.0	40.0
在校生数（万人）	2826	3080	3300

---

① 杨移贻：《后大众化阶段高等教育的审视》，《深圳大学学报（人文社会科学版）》2009年第5期。

② 教育部：《每年只增1.6% 2020年高等教育毛入学率即达40%》（http://news. xinhuan-et. com/edu/2010－03/05/content_ 13105738. htm）。

续表

指标	2009 年	2015 年	2020 年
高等职业教育在校生（万人）	1280	1390	1480
本科教育在校生（万人）	1406	1520	1620
研究生教育在校生（万人）	140	170	200

数量来源：根据《教育纲要》相关数据整理。

其二，调整高等教育层次结构，形成机构间协调发展和特色发展的高等教育秩序。由于高等教育资源分配方式的不合理，加之地方政府和各部门间的利益冲突，使得中国高等教育呈现出过于强调层次提升而忽视自身特色的无序竞争状态。正如陈介明所批评的："传统的等级分配资源的哲学引起了不平等，某些大学是根据它们过去的声誉和被期待的贡献，而不是根据它们当前的表现，得到（资源分配中的）优先权。"①

优化层次结构的目的是营造良性竞争的高等教育秩序，促进不同机构协调发展，形成和保持自身的特色与优势。具体来说，就是在明确各类机构的任务导向的基础上，建立分类管理体系，借助资源导向、规划和评估等手段，营造良好的协调发展和特色发展的高等教育秩序。加快世界一流大学、高水平大学和世界一流学科建设，增强中国的国际竞争力；支持行业特色高校的发展，完善产学研合作机制，为行业企业的发展提供重要的人才和智力资源；促进地方高水平院校建设，形成示范效应，带动区域高等教育与经济社会协调发展；完善高等职业教育体系，促进高等职业教育与普通高等教育的有效衔接，为各行各业提供大量的高素质技能型人才。②

其三，优化高等教育学科专业结构，强化高等教育与经济社会的联动性。"院系调整"建立了以应用型、专业型为特征的学科专业体系，改革开放以来，学科专业历经 1987 年、1993 年和 1998 年三次大调整，

① Lene Buchert and Kenneth King, *Learning from Experience：Policy and Practice in Aid to Higher Education*, Hague, Netherlands：CESO（Centere for the Study of Education in Developing Countries）, 1995, p. 206.

② 顾明远、石中英：《国家中长期教育改革和发展规划纲要（2010—2020 年）解读》，北京师范大学出版社 2010 年版，第 171 页。

数量和结构基本上与高等教育内外部各主体的发展相适应。但是，大扩招以来，中国高等教育环境已发生了根本的变化，高等教育在快速实现大众化的同时，管理权限也打破了"条块分割"的格局，经济和社会发展水平也得到了极大的提高，产业结构调整加速。因此，原来的学科专业结构及其调节机制表现出诸多的不适应性，大学生就业问题、高等学校发展盲目综合化等现象都与此相关。

因此，未来中国高等教育优化学科专业结构要达到两个目标。第一，优化学科专业、类型和层次结构，促进多学科交叉和融合。调整基础学科和应用学科的结构，在充实各级各类高等教育基础学科专业的同时，重点发展与新型工业和产业密切相关的应用型、新兴交叉学科专业，不断拓宽高等教育的服务功能和范围；第二，根据人才市场和高等教育发展的需要，完善由多级政府、社会和高等教育机构等主体共同参与的学科专业调节机制，并在此基础上形成达到世界先进水平、具有中国特色的社会主义现代化高等教育体系。

第二节 高等学校类型体系演化的动因与趋势

为建立能有效引导中国个体高校"合理"定位的发展类型，应对未来高等教育后大众化进程中的种种不确定性，我们必须要对主导中国高等学校类型演化的因素及其发展趋势作出适当的预测分析。

一 高等学校类型演化的动因

任何高等教育系统的发展都无法摆脱政府、市场和学术力量三者的影响。因此，它们也构成了高等学校类型演化的驱动力量。纵观新中国成立以来高等学校类型演化历程，政府是其中的主导力量，从公立院校的分层发展到民办院校、独立学院的复兴，政府部门的身影几乎无处不在。不仅是中国，法国、德国和俄罗斯也是如此。而在美国这样的市场力量比较强大的国家，驱动高等学校类型化发展的主体则比较多元，联邦、州和地方政府、社会中介组织、企业、教会等力量都参与其中。日本和韩国则有着规模庞大的私立高等教育系统和精英传统的国立大学体系，它们分别服务于大众教育和精英教育的需要。从这个意义上看，在伯顿·克拉克"高等教育协调三角模型"之内,高等学校的类型化却又只是三者作用的结果,其深层的意义主要来自两个方面,即高等教育内部的知识和学科发展的需要、高等教育外部的各主体的需要。

(一)高等教育内部:知识和学科的分化重组

学界一般从三个维度来定义学科,即作为知识体系的学科、作为规训制度的学科、作为组织机构的学科。① 按照第一种习惯定义,学科是知识和科学不断分化的结果。知识的分化由来已久,远早于中世纪大学所设的古典学科的出现。古希腊哲学家柏拉图把军事训练科目分为体育和音乐两个类别,并分别将其划分为初级和高级两类,这直接奠定了中世纪大学"七艺"学科的基础。工业革命的胜利和科学技术的不断突破,使知识分化加速,经过17世纪末至18世纪初的现代学科初创和20世纪中叶以来的学科组合,一个以新兴学科不断涌现、学科交叉融合为特征的知识社会时代已经到来。

高等教育机构的产生是知识和学科不断分化的结果。从组织形式来看,高深知识是高等教育取得合法性的理论基础,这种知识的显著特征之一便是高度的专门化。中世纪大学便是作为知识组织的"行会",只是随着知识重要性和专业化程度的增加,大学才逐渐先后偏向于政府和社会的需要,成为主宰知识社会进程的核心机构。在伯顿·克拉克看来,"无论哪里,高等教育的工作都按学科和院校组成两个基本的纵横交叉的模式。各学科穿越地方院校的界限,各院校又反过来收拾各学科的亚群体在地方集合起来。"② 依此,作为知识分支的学科应分为两个层次,一是整个高等教育系统中的学科,即整个国家知识体系和科学分支为逻辑的学科;二是微观高等学校层面的学科,它是作为高等教育系统中学科的具化形式,包括围绕知识体系和科学分支所组织起来的高等学校基本学术单元。换言之,知识复杂性的增加催生了知识分支的出现,进而衍生出专门科学,高等教育正是遵从这些专门科学的生长逻辑得以组织成型的。因此,学科与高等教育相伴而生,"各个学科和专业之间的包容和排斥,以及多学科的

---

① 贾莉莉:《基于学科的大学学术组织研究》,华东师范大学博士学位论文2008年,第12页。

② 伯顿·克拉克:《高等教育系统——学术组织的跨国研究》,杭州大学出版社1994年版,第6页。

组成和跨学科的组织，推动了高等教育机构的分化。"[1]

（二）高等教育外部：社会需求的多元化

高等教育政治论哲学将高等教育的发展归于外部主体的需要。相对于知识和学科的分化而言，由于高等教育有着多个利益关联者，来自社会层面的作用比高等学校类型演化的力量更强、利益诉求更多，正是这些力量此消彼长才使得高等学校类型化发展经历了由完全关注自我到日益主动地适应社会需求的根本转向。从大学起源上看，大学就是服务于社会需求的产物。作为行会组织的中世纪大学，尽管保持着先天的有限自治和独立，但它起初是以教会需求为导向，所扮演的纯知识捍卫者的角色时间并不长，甚至是依附式的、缺乏必要的制度基础。伴随知识不断专业化的是大学日益世俗化，在社会广泛的期许下，中世纪大学的毕业生中绝大部分成为神职人员、律师、医师或公职人员，而不是从事如其行会原初属性所指的、学位制度确立下来的学术职业。而红衣主教约翰·亨利·纽曼的理性主义的大学，在教授有用知识与无用知识的同时，强调了知识的整体的作用，社会需求则是满足于培养"绅士"的个人需求和代表国家利益的贵族阶层的需求。19 世纪欧洲民族国家的兴起前后，高等学校的类型化则与资产阶级的壮大有关，大量的专门学院的设立是知识分化的结果，更是国家统治阶层的需要。当美国从第二次世界大战后大幅迈向高等教育大众化，并于 20 世纪 90 年代初进入高等教育普及化，则代表了高等学校全方位地参与到社会事务、满足社会各个主体需求的组织演化模式。

综上，从层次上看，主导高等学校类型演化的社会需求主要来自三个方面，即国家层面、组织机构层面和个人层面。[2] 国家作为公共利益的代表者，在促进社会生产力的发展、保护国家安全、建设重大的公共设施、发展社会精神文明和物质文明等方面都需要高等教育提供人才和智力支持；组织机构层面的社会需求则由组织的属性决定，具有政治、

---

① V. Lynn Meek, Leo Goedegebuure, Osmo Kivinen and Risto Rinne, *The Mockers and Mocked：Comparative Perspectives on Differentiation, Convergence and Diversity in Higher Education*, Pergamon：the IAU Press, 1996, p. 19.

② 沈红等：《应对多样化社会需求的高等学校分层分类》，《高等教育研究》2010 年第 7 期。

经济和文化属性的不同组织对高等教育要求的差异,同样可通过高等学校的学科专业设置、职能大小和类型的不同体现出来;而来自个人需求则反映在高等教育市场的两端,个人或出于提升能力和素质,抱有明确的接受高等教育的目的,他们也将通过高等教育进入不同的工作岗位,不同类型的高等学校便充当了人才库的角色。

二　知识和学科分化重组与发展的趋势

知识经济日盛的 21 世纪,现代科学技术正以惊人的速度向前发展,科学技术革命从根本上改变着人类的生产方式,促使知识不断分化。具体来说,当下知识和学科分化重组的趋势反映在以下两个方面。

（一）传统学科不断分化,知识分工日益细化

知识的发展是学科分化的内在逻辑。随着人类认识能力的大幅提升,原有的知识体系正被不断地拆分、细化,以适应现代知识生产高度分工的趋势。人类科学体系的局限性和适用范围正被重新认识,原有部分知识正被不断地修正或颠覆。此外,当代科学技术的迅速发展,新兴的材料科学、能源科学、电子信息科学、核科学、海洋工程、生物工程等领域在过去都取得了重大技术突破,从而拓宽了已有的知识领域,原有知识体系的触角不断得到延伸,学科生长点骤增。这样,"专业日益增多的趋势"和随之而来的"越来越多的知识领域表现出内在的深奥性和固有的自主性",促成了学科分化的另一种表现。[1]

中国传统学科领域分化的趋势明显。如在基础农学领域,植物营养学、农业微生物研究、农业分子生物学与生物技术研究、农业生态研究和农业信息科学研究等一大批新兴学科和研究领域被纳入基础农学的范畴。[2] 而在应用型学科领域,知识分化和新领域的开拓构成了学科生长的常态。如在机械工程学科领域,在市场需求和多学科综合集成等因素推动下,该学科已经向数字化、智能化、精密化、微型化、生命化、生态化方向发展。中国学科发展则体现出"从代替体力的机械制造到部分

---

① 吕改玲、蔡琼:《大学的学科群建设与研究生创新人才培养》,《中国高教研究》2007年第 10 期。

② 中国农学会:《基础农学学科发展研究报告 2006（简本）》（http://zt.cast.org.cn/n435777/n435799/n1105056/n1108887/n1110177/40298.html）。

代替脑力的机构制造""从宏观制造到微观制造""从无生命制造到有生命制造""从非生态制造到生态制造"四大趋势。[1]

在人文社会科学领域，法学、政治学、经济学、社会学等社会学科分化的速度将远快于其他学科，其学科建制将逐步摆脱传统研究范式的束缚，将日益呈现出规范化、通用性和科学性的特征。同时，历史学、哲学、文学等人文学科也将进一步分化，由于现代社会越来越关注人自身的解放和发展，这些学科的研究领域将得到极大的扩展；当下自然科学和工程领域的研究所引发的伦理、价值等问题，也将为这些学科预留更多的发展空间。因此，人文社会学科划分将越来越细化，亚学科、子学科和分支领域研究的拓展将不可避免。

在自然科学和工程领域，技术的进步、重大科学发现和方法创新是学科快速发展的助推器。从2006—2010年间中国科协发布的《学科发展报告》来看，各学科内部知识的更迭和分化正在加速，各学科每年关注的热点和重点都不尽相同。近来学科特别是在基础学科领域的特点主要有两个：一是强调对新学科和学科生长点的关注，促进传统学科不断分化出新的生长点；二是突出对可持续发展的关注。这些既是满足国家、社会重大需求提高具有实际应用价值的科技成果的数量与质量的需要，也与国际学科发展的趋势相符。[2]

（二）交叉学科不断发展，学科高度综合化

知识生产方式的细化分工在促成学科分化的同时，也使得不同学科领域经常发生"学科互涉"，结果是大量交叉学科领域诞生，随之学科又重新实现了综合化。学科分化与重组相伴而生，当前的趋势则是在高速分化下的高度综合，并逐步实现科学知识的一体化和系统化。

比如，由于信息技术、生物工程和纳米化学等新技术与知识领域的延伸，才使得系统论、信息论和控制论于20世纪40年代相继出现，并成为系统生物科学的催化剂。而正是借助于系统综合时代的进一步向前发展，耗散结构论、协同论、突变论陆续得以确立并获得快速发展，从

---

① 中国机械工程学会：《机械工程学科发展研究报告2006（简本）》（http：//zt. cast. org. cn/n435777/n435799/n1105056/n1108887/n1110177/40297. html）。

② 白春礼：《在2009中国科协学术建设发布会上的报告》（http：//zt. cast. org. cn/n435777/n435799/n1105056/n11173133/11184120. html）。

而开启了第四次科学与技术革命。知识和学科综合化的需要，奠定了跨学科学或"学际研究"的基础。

"科学是内在的统一体，它被分解为单独的部门不是由于事物的本质，而是由于人类认识能力的局限性。"① 已有科学领域的拓展和认识世界工具的创新，将使人类的认识能力大大提升。同时，随着未来全球一体化的不断深入，知识领域将迫切要求基于大科学和大战略平台进行协作研究，未来科学一体化、学科综合化的趋势将日益明显。

在人文社会科学领域，学科领域之间的交叉重组整合的过程，是知识生产方式由"以问题为中心"取代"以学科为中心"的过程，更是学科共享范式创生的过程。从而，地区研究、未来研究、政策分析、科学技术与社会研究、现代化与发展研究、文化研究等跨学科领域蔚然成势。② 而在自然科学和工程研究领域，学科综合化的形势更加复杂，围绕重大科研攻关形成的理工结合、文理结合的学科和研究领域逐渐取代大理科、大工科的学科体系格局。这将打破狭隘的学科门户偏见，将为我们提供一种综合的、全面的分析思维方式，消除学术部落对学术领域划界和漂移等无序竞争状态。

国外学科专业目录也呈现出类似的特点，如交叉性质的学科不断发展与更新、横向学科群迅猛发展、与国际化相关的学科发展迅猛、人文社会科学类学科的发展开始为工科院校所重视、对部分传统学科进行了优化整合等。③ 知识和学科分化重组的趋势将进一步改变现有高等教育机构的组织形态，以传统学科为中心的学院和研究机构的设置也将发生改变，而以日本筑波大学为典型，学科群或将成为未来高等学校的基本组织单元，原有高等学校的类型和设置将面临变革。

三　高等教育社会需求多样化的趋势

未来一段时期，中国将"以社会需求为导向，推动新一轮高等教育

---

① ［德］普朗克：《科学学基础》，科学出版社1983年版，第5页。

② 刘大椿、潘睿：《人文社会科学的分化与整合》，载纪宝成、刘大椿《中国人文社会科学发展研究报告（2008—2009）——学科整合与热点聚焦》，中国人民大学出版社2009年版，第20—21页。

③ 纪宝成：《中国大学学科专业设置研究》，中国人民大学出版社2006年版，第59页。

改革"，但什么是高等教育的社会需求，未来高等教育终究会有怎样的社会需求？这仍需要进一步分析。

什么是高等教育的社会需求呢？从不同角度得到的类型划分各异。中国人民大学前校长纪宝成认为，这些需要"有的表现为人才市场的需求，也有的并不仅仅通过市场表现出来；有的是眼前的需求，容易看到；有的则是长远需求，一时不一定看得到"；而潘懋元教授则侧重于人才培养的层面，他认为，社会需要高校所培养的人才具有高度的社会责任感是基本要求，而在具体要求上，社会需要高校的专业结构与社会的人才结构基本一致，大学生能充分就业。① 可见，高等教育的社会需求总是多样的、多层次的和复杂的，有些需求甚至相互矛盾。

（一）国家层面

国家要求高等教育参与其中的目标来自两个方面：（1）提高效率的要求。即要求高等教育提高质量，培养数量多、质量高、适应当前国际竞争环境的高素质、综合型、复合型人才；要求高等教育更为深入地投身到创新体系建设之中，通过产出大量的创新科技成果，为国家综合实力的提高贡献力量。当前，以优化结构、提高质量为目标指向，高等教育已被置于实现创新型国家、人才大国、人力资源大国建设目标的主力军地位。而对高水平的人才培养和科研活动的要求，显然是要与经济社会发展相适应的，或者说是与国家利益高度契合的。（2）促进社会公平的要求。要求高等教育提供机会均等，但质量和水平各异的服务，维持社会起点公平，实现不同阶层的合理流动；同时，要求高等教育提供能经受"成本收益原则"检验的服务，实现高等教育供求的平衡。从宏观上看，理想化的高等教育社会需求平衡状态是实现高等教育入口和出口的动态平衡，在满足人民群众接受高等教育的需要的同时，通过对外输出人才回应经济社会发展对自身的要求。

（二）组织机构层面

组织机构层面的高等教育需求则主要是行业、企业或不同的产业对高等教育所能提供的人才、科技和服务的要求。中国将于 2020 年左右全面建成小康社会，实现现代化和新型工业化。围绕这一目标，结合中

① 丰捷：《高教改革需要大手笔》，《光明日报》2009 年 12 月 16 日。

国当前的经济社会发展现实和国内外研究，中长期中国产业发展将达到这样的阶段：一是中国的工业化进程处于中期阶段的特征可能将持续到2020年之后。一、二、三次产业结构中，以第二产业为主的格局不大可能在2020年发生变化；就业结构中第一产业的就业比重到2020年基本上在30%；城市化水平在2020年将接近60%。二是当前出现了明显的重化工业加速发展与电子信息产业等技术密集型产业快速发展的双重特征。前者由居民消费结构向住和行转移以及城市化速度加快所推动，具有增长的可持续性；后者则源于居民消费结构升级等内生因素，因此重化工业快速发展的情况有可能持续较长的时间。①

面对新型工业化的要求，中长期经济社会的发展要求高等教育提供更多的工业节能、水和矿产资源、环境保护、生态农业、低能耗与新能源交通运输业等方面的科研成果，要求高等教育的研究工作向有利于信息产业和现代服务业发展的方面适当倾斜。《人才纲要》对此明确指出，"到2020年，在装备制造、信息、生物技术、新材料、航空航天、海洋、金融财会、国际商务、生态环境保护、能源资源、现代交通运输、农业科技等经济重点领域培养开发急需紧缺专门人才500多万人；在教育、政法、宣传思想文化、医药卫生、防灾减灾等社会发展重点领域培养开发急需紧缺专门人才800多万人。"②

（三）个人层面

尽管增进知识技能与提高自身修养、高质量的就业与实现自身价值能在一定程度上达至统一，但个人的高等教育需要主要是功利性的、以就业为最终指向。未来中国全面实现小康，民众的物质生活水平将大为提高，社会民主的程度将进一步提高，个体的个性自由和充分发展需求也将得到进一步彰显，社会更趋于公平、和谐，这些都令个人对高等教育的需求更加多元化。随着高等教育供给能力的提高，高等教育大众化将更加深入，高等教育市场将逐渐由现在的"卖方市场"向"买方市场"转移，高等教育将进入以个人用户为导向的新时代。

---

① 王梦奎：《中国中长期发展的重要问题（2006—2020）》，中国发展出版社2006年版，第164—165页。
② 中共中央、国务院：《国家中长期人才发展规划纲要（2010—2020年）》（http://www.gov.cn/jrzg/2010-06/06/content_1621777.htm）。

　　个人的高等教育需求或将呈现出以下两个特点：（1）要求接受高质量的高等教育。由于高等教育供给不成问题，个人将在高等教育市场中处于更加有利的地位，他们有权根据市场原则选择接受更好的高等教育服务；（2）要求高等教育能满足个人的个性发展的需要。过去在就业市场中处于优势地位的实用型、社会生活结合紧密的高等教育项目将逐渐式微，而传统的人文学科将重获发展契机。

第三节　面向后大众化阶段的高等学校发展类型

　　高等教育结构和体系的优化之于中国中长期高等教育的发展，既是目标也是手段。正是在这个意义上，《教育纲要》继1993年的《中国教育改革和发展纲要》后再次指出"建立高校分类体系，实行分类管理"。"分类"即对现有体系的修正，建立起面向未来的、符合高等教育规律的高等学校发展类型。以下将对这种类型的确立原则进行讨论，并尝试提出面向后大众化阶段的高等学校发展类型。

一　高等学校发展类型的确立原则

　　高等学校的发展类型是对未来高等教育科类层次结构的预期。在确立这种分类体系的过程中，我们必须客观分析高等教育系统所处的内外环境和挑战，选择那些"跳一跳，够得着"的目标。

　　（一）高等学校发展类型的确立目的：建立符合高等教育自身发展规律的、适应内外部主体需要的、多样化的高等学校类型体系，引导个体高等学校合理分工

　　一个个体机构趋同的高等教育系统不符合高等教育所有参与者的利益。学生和家长、行业和企业、各种中介组织、政府等用户都有着不同的且不断膨胀的高等教育需求，没有哪一类高等教育机构是万能的，而知识和学科高度分化、综合的趋势也将日益普遍，学科门类覆盖再宽的机构都无法在所有领域演绎知识进化的本然秩序。如同经济的高度发展客观要求职业的细化和专业化一样，高等教育社会需求的多样化、知识分化重组的加速也令高等学校的职能分工成为一种必须和必然。

　　然而，在高等教育所有利益相关者中，政府最不希望看到一个个体机构同构化的高等教育系统。这是因为由于市场力量的存在，使高等教育间出现了不可避免的竞争，竞争的结果却是自相矛盾的，即"一方面越来越导致多样化，另一方面又越来越导致同一性"，那么，政府作为公共利益的代表，则是"趋向于使国家高等教育系统向下取得一致"①。因此，研制高等学校发展类型本身并不是终点，力促个体机构的多样化和特色发展也只是阶段目标，政府最希望借助这样的政策工具引导个体高等学校理性制定战略规划、科学定位，营造一种个体分工明确、自由发展的高等教育秩序，从而实现高等教育资源利用效率的最大化。

　　（二）高等学校发展类型的确立依据：满足理想类型的测度要求，基于对机构现实类型体系的修正，符合未来高等教育发展的趋势

　　高等学校的理想类型为我们提供了一套认识和评价现实机构类型的工具。前述表明，高等学校的理想类型一般可从教育维度和知识维度两个方面来分析。从教育维度来看，分别以服务于人心智的提升、知识与技能的掌握为侧重点，可以得到"精英型"和"大众型"两类机构；而以知识维度则可以得到"学术型"和"应用型"两类机构，它们分别以"为知识""用知识"为办学指向。

　　可依学生情况、办学条件、教学情况、社会服务、官方统计习惯、学科结构等多个维度对中国现实的高等学校进行多维分类和综合分类。中国高等学校现实类型体现出同一性和层级性的特点，尽管可依多个维度得到高等学校类型体系，但这些体系的组成单元高度统一，从而强化了一种机构类型的层级关系。对照理想类型，以教育维度来衡量，中国普通高等教育体系过于强调满足社会对人才培养的要求，忽视受教育者自身的个性生成和自我解放，精英机构泛化而大众机构特色不明显；以知识维度来衡量，中国高等教育科类和层次结构仍有待优化，学术型机构知识产出的效率不高，应用型机构与经济社会的对接不够紧密。

　　面向后大众化阶段，由于未来中长期国际社会竞争的日益激烈、国内经济社会转型的加速，高等教育在实现创新型国家建设、人才强国和

---

　　①　伯顿·克拉克：《高等教育新论——多学科的研究》，王承绪等译，浙江教育出版社2002年版，第145页。

人力资源大国建设中处于核心地位。在高等教育内部，中长期高等教育将在扩大规模的同时，进一步优化高等教育人才培养结构、层次结构和学科专业结构，高等学校的发展类型因而要回应知识和学科分化重组加速、社会需求不断多元化的要求。

（三）高等学校发展类型的确立基点：淡化层次、突出类型

虽然在任何一个国家，高等学校的层次总是存在的，但是这种体系都以不同类型机构的合理分工为基础。而且，越是处于下层的机构，个体的职能分工和群体特征多样性更应被强调。无论是官方还是民间，中国现有的高等学校分类体系最为突出的特点就是层次性。如被广泛提及的按职能进行划分得到的研究型、教学研究型、教学型（和职业型）院校的类似分类法。

1993年的《中国教育改革和发展纲要》和2010年的《中国中长期教育改革与发展规划纲要（2010—2020年）》也是如此，前者提出"要集中中央和地方等各方面的力量办好100所左右重点大学和一批重点学科、专业"，事实上强化了原有高等学校的层次结构；后者提出"建立高校分类体系，实行分类管理"，以便"促进高校办出特色"，同时提出一流大学和一流学科建设要求。这里强调了建立高等学校分类体系（而不是层次），目的是要"克服同质化倾向，形成各自的办学理念和风格"。但对于应该怎样分、是强调"不同层次"还是"不同领域"这样的问题着墨不多。这种分层的高等学校类型格局，不仅不能成为促进高校合理定位的依据，更不能将高校办学引向以自身职能实现的正常轨道上来。因此，淡化层次、强化机构类型的多样化是确立高等学校发展类型的基本原则之一。

二 现行高等学校发展类型解析

高等学校的类型化是一个长期的过程，我们不能基于理论推演建立高等学校发展类型。作为规划式的分类体系，高等学校的发展类型只能是对现有机构分类法的调整和改良，全盘颠覆式的分类体系可操作性欠佳。以下将对中国现行的面向未来的高等学校规划式分类法进行分析。

（一）对典型高等学校分类法的适用性解析

中国当前民间、学界和官方的各种分类法中，有代表性的主要有：

（1）按高校职能划分（研究型、教学研究型、教学型和职业型），（2）按管理权限划分（部属、省属、独立学院和民办），（3）按办学层次或重点工程划分（"985""211"、一般本科、高职高专），（4）按学科门类及数量划分（综合型、多科型和单科型或综合型、文理型、理工型、师范型等），此外还有按办学规模、办学历史、服务面向等维度的分类法。由于高等学校分类在中国属于高等教育结构研究的范畴，这些分类法都不能胜任个体高校定位"标杆"这一角色。

　　按职能的分类法主要在学界出现，学界和社会的对此讨论比较广泛，在官方和民间的高等学校评价和分类体系，这种分类法中的各类机构实际上都有具体所指，但对各类机构的分类依据缺乏明确的条件限定，且与中国现存的官方分类体系差异较大。按管理权限、办学层次或重点工程的分类法更多的是对高等学校现实类型的一种描述，虽然具有很强的可操作性，但很难说是与高等学校理想类型、高等学校未来发展相适应。按现有学科的划分虽然是中国的一种传统分类法，但学科的划分已相对落后，这种分类已不能反映现实的高等学校类型结构，更不能作为未来中国高等学校发展的努力方向。以上这些分类法都无法用于指导和规范未来的高等学校定位活动，无法对未来高等学校类型调整起到应有的导向作用。

　　（二）基于高等学校设置基准建立发展类型体系的可能性

　　相对这些分类法而言，中国的高等学校设置基准则是一种比较理想的面向规划的机构发展类型体系。高等学校设置是中国特有的高等教育管理制度，新中国成立之初，中国学习苏联高等教育制度，以民国时期苏区解放区高等学校设置经验为基础，建立了以国家建设为目标指向的高等学校设置制度。① 然而，此后相当长一段时期，高等学校设置法规建设则相对滞后，造成高等学校发展相对混乱，机构设置的标准和程序仍不尽规范。这种情况一直到 1986 年《普通高等学校设置暂行条例》的出台才得到根本改善。中国现行的高等学校设置规定由《教育法》（1995 年）、《高等教育法》（1998 年）、《研究生院设置暂行规定》（1995 年）、《高等职业学校设置标准（暂行）》（2000 年）、《普通本科

---

　　① 黄启兵：《中国高校设置变迁的制度分析》，福建教育出版社 2007 年版，第 238 页。

学校设置暂行规定》（2006 年）等法律法规组成。

这些设置政策中的设置基准具有以下主要特征：（1）权威性。以上法律法规规定了中国高等学校所应具有的条件，是规范和指导中国高等学校发展的制度基础，具有当然的权威性和法律地位。（2）可操作性强。相关高等学校设置政策对机构的设置标准、命名、申请、审批、验收等都作出了详细说明，设置标准对于办学规模、学科与专业、师资队伍、教学与科研水平、基础设施、办学经费、领导班子等都有详细的指标说明。（3）连贯性。以《教育法》为根本大法，在《普通高等学校设置暂行条例》（1986 年）后出台的相关法律法规都是对该规定的进一步完善和调整的结果，相关设置基准基于对现实高等教育系统的总体描述，综合考虑到现实的高等学校现状和未来的发展空间。正是由于以上特征，中国高等学校设置政策中的设置基准对于调整现实高等教育结构、建立有序的高等教育发展秩序理应发挥更大的指导作用。

（三）现行高等学校设置基准所存在的问题

理论上看，高等学校设置与高等学校分类具有根本性差异。然而，"世界性难题"的特殊性决定了中国高等学校分类研究却是一种准高等学校设置研究，为指导个体定位，我们应建立一套"先验性"、面向未来的高等学校发展类型体系。但是，高等学校设置基准还只是官方模式下的规划式分类体系的一种特例，它应以高等学校的发展类型为前提，而后者的设置依据则具有更强的科学性和学术性、强调设置手段的民主性和设置结果的灵活性。如果用规划式分类体系或发展类型体系的标准衡量，中国现行高等学校设置基准更多的是起到高等学校认证的作用，其不足之处在于以下几个方面：

1. 刚性过强。如《普通本科学校设置暂行规定》和《高等职业学校设置标准（暂行）》对学校硬件、软件办学条件作出了明确的量化规定，这些硬性规定较好地维系了高等教育结构的稳定性，却压制了个体高校的办学活力；由于信息不对称，刚性的高等学校发展类型也会强化现有高等学校间的平等关系，造成分类制度的逆向选择。

2. 侧重于对办学规模和硬件条件的要求，而对办学质量和内涵指标强调不够，对各类机构的具体职能的限定并不多。如对于本科院校的设置，"教学与科研水平"中要求，教学方面的指标被简化为"教育部组织的教学水平评估""教学成果评选"结果，而科研方面则涉及"科研经费""科研成果获奖""重点实验室和重点学科数""硕士点和硕士毕业生数"这样的指标。

3. 重分层轻分类。如"大学"和"学院"的差异不仅表现在学科结构上的区别，更体现出机构办学职能的大小、办学水平的高低；"高职高专学校""学院""大学"的名称变更也体现出这种层次性。

4. 计划性过强。"政治论"主导了设置基准维度，《研究生院设置暂行规定》的设置标准体现出了机构设置的"钦定性"。

三 高等学校发展类型与分类政策

高等学校发展类型本质是一种便于操作的规划式分类体系，以此为基础建立的分类政策则是对这些未来的机构类型所应达到的最低标准的设定或规划。这里主要以《高等教育法》《普通本科学校设置暂行规定》《高等职业学校设置标准（暂行）》《研究生院设置暂行规定》等法律法规中关于高等学校设置基准的规定为参照，根据高等教育结构的要求和目标，综合知识和学科分化重组、高等教育社会需求多元化的趋势，提出高等学校的发展类型和分类政策。

中国现行高等学校可分为本科和专科两种层次，其中本科类包括大学、学院两个层次，专科类则包括高等专科学校和高等职业学校。这种依学术性和职业性的二分法在国际高等教育系统中普遍存在，中长期这两个层次应予以保留。随着学术性的上移，高等专科学校在突出职业性的同时，职能和类型将更加多元。因此，专科层次的两种类型应被归并统一成一个大类。然而，本科层次的高等学校则比较复杂。"学院"一级本科院校多是由原有的高职高专院校合并、升级而来，办学时间短，机构间组织差异不大。但是，由于历史的原因，得"大学"层次内本科院校的差异远大于其他层次内的院校。因此，这里将"大学"层次的本科再分为研究生院大学和大学两个层次。这样，我们便得到了四个层次高等学校，其院校的特征和类型划分可界定如下。

1. 研究生院大学。以国家重大战略需求、基础学科的知识拓展为导向，科研实力强，多数专注于基础科学研究，少数从事国家重大工程和技术领域的研究；侧重于学生的心智发展，培养综合素质高的创新型人才；在本机构所涉学科领域都有博士学位授予权，研究生与本科生之比、博士生与硕士生之比较高，不从事成人教育、网络教育和专科层次的教育项目；相当于理想类型中的"精英型"和"学术型"机构，以现有"985工程"大学为主体，根据国家需求适当增加其他学科领域的大学；通常以学科大类组织教学和科研活动，按学科综合程度分为广博类、集中类（人文社会科学类或自然科学类）机构。

2. 大学。基础学科和应用学科并重，根据行业企业和经济社会发展的需求设置学科专业，教学和科研并重，多数专注于应用研究，与区域经济社会联系紧密；多数侧重于知识的应用，培养高素质的综合性应用型人才；在本机构优势学科的多数一级学科内具有博士学位授予权，研究生教育以培养学术型人才为主，研究生与本科生之比较高，博士生规模较大；社会服务能力强，可从事少量的网络教育和成人教育；理想类型中"精英型""大众型""学术型"和"应用型"四类机构中都有涉及，以现有"211工程"机构和地方重点高校为主体；通常以人文学科（哲学、文学、历史学）、社会学科（经济学、法学、教育学）、理学、工学、农学、医学、管理学等学科门类为基础组织教学和科研活动，按优势学科的数量和类型分为综合类、理工类、人文社会类、专门类（艺术、体育、医药、语言、农林等传统单科类）。

3. 学院。相对大学而言，学院所覆盖的学科门类少，以应用型学科为主，根据地方经济社会发展需求设置学科专业，以教学为主，与地方经济社会联系紧密；多数侧重于知识传授，培养高素质的专门性应用型人才；在本机构优势学科领域的少数一级学科领域具有有限的博士学位授权，研究生教育以专业硕士研究生培养为主，研究生与本科生之比较低，专科生与本科生之比较低，允许从事与地方经济发展需要的远程教育、网络教育、成人教育；以地方高校和现有独立学院等为主体，主要涉及理想类型中的"大众型"和"应用型"机构；以现有十二大学科门类（不含军事学）中的优势学科（主要学科）作为分类依据，参照现有的高等学校的类型，分为多科类、工科类、文理类（师范类和民族类）、财经政法类、农林类、其他类（包括艺术、体育、语言、医药等传统单科院校）等。

4. 专科院校。专科院校将成为推动后大众化进程的主要力量，为响应未来高等教育社会需求多样化的要求、促进终身教育体系的形成，职能应由单纯的职业教育转到以职业教育为主、多种功能为辅的轨道上来，包括转学、继续教育、技能培训等；专科院校以所在地市的经济社会发展需求为导向，满足当地青年的升学愿望；多数侧重于技能传授，培养高素质的技术型人才，部分承担转学等职能；不从事本科及以上教育项目，普通专科生与其他类型在校生的比例适当；以现有高职高专院校为主体，主要涉及理想类型中的"应用型"机构；以现有的高职高专专业目录的专业大类为基础对其进行分类，并增加其他类。

四个层次及相应类型的高等学校的划分标准具体见表6-2。

表6-2　　　　　　　面向后大众化阶段的高等学校发展类型

层次	办学面向和职能	知识	教育	学科
研究生院大学	国家重大战略需求，发展基础知识	"精英型"机构，科研实力强	"学术型"，重心智发展，培养创新型人才	以基础学科为主，学科大类综合性强，研究生教育集中
大学	行业企业和经济社会发展的需求，教学和科研并重	"精英型"或"大众型"机构，知识的发展和应用并重	"学术型"或"应用型"，重综合性应用型人才培养	基础学科和应用学科并重，研究生教育较集中
学院	以大区域地方经济社会发展为导向	"应用型"机构，重知识的应用	"大众型"，教学为主，重知识传授，培养专门性应用型人才	学科门类少，以应用型学科为主，研究生教育不发达
专科院校	以所在地市的社会需求为主	"应用型"机构，重知识的应用	"大众型"，技能传授，培养高素质的技术型人才	职业性、技能性，专注专科教育

依学科门类划分得到如下高等学校发展类型体系图。

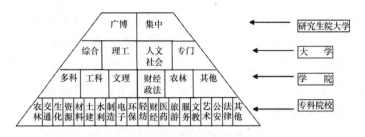

图 6-1　按学科特征划分的高等学校发展类型体系

注："广博""综合"和"多科"类指在本层次中学科综合度较高的类型，"大学"中理工、人文社会类相当于一般意义上的理科和文科，"大学"中"专门"类包括艺术、体育、医药、语言、农林等传统单科类，"学院"中"其他"类包括艺术、体育、语言、医药等传统单科院校；"专科院校"前19类参照现有高职高专专业目标中的专业大类，"其他"类指承担、继续教育和技能培训等职能的新型机构。

比照理想类型，可分析高等学校发展类型知识和教育维度的特征。如图6-2所示，研究生院大学以促进人的心智完善和知识发展为目的，属于学术精英型机构，是国家创新体系的主力军；大学的组成则比较多元化，四种类型的机构都有所涉及，是高等教育体系的中坚力量；学院和专科院校属于应用大众机构，承担着培养各级各类应用和技能型人才、提供多样化的社会服务等职能。虽然这种分类体系中应用精英型、学术大众型机构比较缺乏，但这与中国未来经济社会发展对高等教育应用知识、培养实用型人才方面的要求是相适应的。

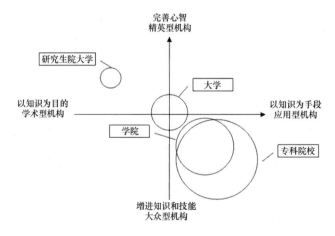

图 6-2　理想类型体系中的高等学校发展类型

第七章　类型重建:高等学校分类方法与实践策略

基于"世界性难题"的反思,本书将中国高等学校分类定性为准高等学校设置研究、属于高等教育结构研究的范畴,试图将分类研究的关注点由结果转向过程,搁置对"科学的""公认的"或"合理的"高等学校分类体系无休止的争论,转而对学界"来不及"使用的方法作出反思和建构,这样的研究并没有偏离建立可用以指导高等学校"理性"定位、营造有序的高等教育秩序的分类体系这一研究指向。本章将对"理想分类法"的作用机制作出进一步的归纳和解释,并针对"分类—定位"假设下各参与者提出促进高等学校分类发展、实现系统结构优化调整的实践策略。

第一节　朝向结构优化的高等学校分类研究

中国高等教育实践过程中的诸多问题似乎都可归为"公认的""科学的""合理的"分类体系的缺失,分类几乎成为一个不证自明的前提。分类尽管被不同主体强调,但所指却不尽相同。这是因为,作为高等教育结构研究领域,分类活动所涉范围之广、所潜藏的诸多不确定性因素远非分类就能囊括。或者可以说,分类指导固然有望促成高等教育结构适时按需调整和优化,但后者的实现却远非以此为唯一选项。

一　高等学校分类的价值

（一）一般意义的高等学校分类的价值

人类希望为混乱的世界建立某种秩序,分类活动与此紧密相关。分类的一般目的是为增加复杂系统的透明度，以进一步理解该系统中所存在的多样性，并最终增进我们对诸多现象和系统的理解、促进我们进行有效的交流。分类在人类生活的所有领域都有其特定的价值，特别是在那些个体的唯一性或系统元素有待被识别的领域，更是如此。严格地说，分类学与类型学是两个不同的研究领域，前者需要为经验事实"排序"或建立某种秩序以便认识它们，而后者侧重于提出或解释概念。因此，包含分类学与类型学的广义分类学，其直接价值便是区别事物间的异同点，间接价值由被分类对象和类型体系的用途决定，即应依分类体系或"秩序"是否满足主体的分类目的来决定其价值关系。

我们所说的高等学校分类是广义分类学的研究范畴。因此，要将形成概念差异的分类法与基于机构实际环境、行为和表现而得到的分类法区别开来：前者属类型学，通常是由政府发起，是一种规定性的并常由法律限定的分类体系，如欧洲许多国家所存在的二元高等教育系统；后者属分类学，它由多种分类法组成，这些分类法基于经验性的异同点将院校进行分类，如美国卡内基分类法。① 从分类研究范式来看，类型学下的高等学校分类常与政府和高等教育主管部门的利好有关，机构分类体系是主体达成教育功用的中介，分类法因而具有相应的文化价值、经济价值和社会价值；而分类学下的机构分类法则服务于主体认识高等学校的需要，高等教育系统的复杂性使得这种分类法具有认识论价值。总之，不同的主体根据自身认识和选择高等学校的需要建立相应的机构分类法，合目的的类型体系都有主体的意义和价值。

尽管可以从多个角度分析高等学校分类的意义，但分类法从研制到形成类型体系都包括对主体应用的功能，分类的实施就是工具价值和目的价值得到统一的过程。高等学校分类的工具价值，是指分类设计和分类结果作为一种实现高等教育功用最大化的手段，相对于高等教育利益相关者而言的功用。高等学校分类的目的价值则是分类活动相对于自身而体现出的意义，任何分类行为总是按照一定的分类过程或分类方法得

---

① Jeroen Bartelse and Frans van Vught, "The European Higher Education Classification: Objectives and Concepts", *Mapping the Higher Education Landscape*, Dordrecht, Netherlands: Springer Netherlands, 2009, p. 60.

到特定的类型体系，机构分类法的建立只有以分类结果的形式出现才可能称其为一种高等教育政策工具。高等学校分类是分类过程与分类结果的统一，遵循一定的分类方法自然会得到特定的机构类型体系，而分类结果的效用或工具价值正是由分类方法的科学性决定的。

（二）中国高等学校分类的价值

高等学校分类既是手段也是目的，而在中国分类研究则更为强调其工具价值。中国学界构建高等学校分类法的努力虽多以提出分类法为始为终，但研究指向即以服务于高等教育结构调整和优化为目标，通过建立机构分类法指导个体高等学校的定位实践，从而实现整个高等教育系统的功用最大化。正是在这个意义上，本书将中国高等学校分类界定为高等教育结构研究的范畴，分类研究相对于其他主体的功用远逊于宏观分类管理方面的需要，其价值在于为政府层面宏观高等教育管理提供某种机构类型参照系，以便在此基础上形成规定性的机构分类法，最终实现高等教育层次类型结构的动态有序调整。实现高等学校多样化、重塑分类发展的高等教育秩序是中国高等学校分类工具价值的集中体现。

多样化是高等教育进入大众化阶段后表现出的最突出的特征。高等教育多样化所涵盖的内容极其丰富，如宏观层面的高等教育类型和层次、评估体系、拨款机制、管理体制，微观层面的高等学校举办者、组织形式、办学类型、办学形式、学生构成、教学模式等。各个层面的高等教育活动都会对个体机构的层次类型发生作用，并直接表现为高等学校的多样化。"高校类型的多样化是由高等学校职能变化所引起的，而高等学校职能的发展变化又是通过高等学校的发展变化来实现的，所以，一定意义上说，高等学校的分类与高等学校职能的分配是同一问题的两个方面。"[1] 机构的多样化是高等教育满足社会多样化高等教育需求的必要条件，分类学的机构分类法可揭示已有机构的多样化实现状态，而类型学的分类法则为未来的多样化拟定了规则。

强化分类发展的高等教育秩序也是高等学校分类的重要政策目标。国内外相关研究和实践表明，高等教育多样化和同质化可能是同时发生

---

[1]　朱国仁：《高等学校职能论》，黑龙江教育出版社 1999 年版，第 153 页。

的，并且同质化的趋向强于多样化。① 中国也不例外，其部分原因可用高等教育中市场与政府力量的此消彼长来解释。分类发展是中国高等教育结构调整的历史基因，但由于宏观管理体制的变革和系统规模的扩张等原因，原有的机构分类体系已不能很好地反映高等教育系统状况，更不能用以指导个体机构的战略规划制定，中国高等学校体现出特色弱化、办学目标趋同等发展困境。因此，分类体系或将为个体机构的发展设立不同的标杆，从而引导其分类发展。

二　"分类—定位"假设下系统结构优化的可能性

通过学术研究建立科学适切的高等学校分类体系，政府层面则以此为基础建立相应的高等教育资源配置和管理政策，从而形成规划式的机构分类体系，个体高等学校则根据这种分类体系制定学校战略规划，理性谋划办学定位，个体机构的科学发展将有望实现高等教育结构的整体优化。中国高等学校分类的工具价值便是以这种"分类—定位"假设的正当性为前提的。无独有偶，从国外经验来看，"分类—定位"假设在理论和实践层面都有一定的可行性和正当性。相对于个体机构而言，分类法作为其定位标杆的功用已在国外典型机构分类体系设计中得到体现。

卡内基分类法自 20 世纪 70 年代首发以来，服务于美国高等教育研究一直是其最主要的研制目的。随着高等教育系统的复杂性增加和环境的变化，单一的分类体系由此表现出许多不适应性，催生了 2005 年版本开始的多维分类法，进而实现了分类体系功用的多元化。如研究者可通过这种分类法检视不同机构的学生组成情况，也可理解师生生活的差异；政策制定者可据此提出关于机构多样性和大众需求如何被满足的新课题；高等学校工作人员则可利用这些分类体系构成一系列可能的同群组，进而寻找自身与这些参照对象在教育项目和表现上的差距。当然，新分类法对于学生及其家长也有特定价值。② 特别是在线工具的开发，

---

① 徐萍：《高等教育多样化的发展进程与推进策略》，《江苏高教》2009 年第 5 期。

② Alexander C. McCormick, *A New Set of Lenses for Looking at Colleges and Universities*（http：//www. carnegiefoundation. org/perspectives/new – set – lenses – looking – colleges – and – universities）.

大大方便了这些分类体系的使用者。

例如北肯塔基大学利用在线工具可以更为方便地开展相似学校的标杆管理工作。1999 年，北肯塔基大学开始利用传统卡内基分类结果来筛选标杆对象，在线分类工具将为其寻找相似机构提供了快捷途径。① 肯塔基州建立了全州性的社区参与问责制，卡内基分类法中的社区参与分类就被其视为一种成绩单。对于那些希望在社区参与方面有所建树的机构而言，卡内基基金会的回执便是它们关注的重点。在卡内基 2005 年版的分类法发布后数月间，机构的宣传单上清晰地写明了机构在该分类法中的位置，许多机构的发言人表示相关文本的汇编进程反映了差距和实力，这常常促动他们更新这些文本或内部的认同。分类框架中自我评价和自我学习部分的设计意图促使多数机构计划追踪，评估系统和发展战略。② 因此，卡内基分类法中的社区参与分类可反映机构的办学实际，并可成为机构潜在的定位标杆。

欧洲高等教育机构分类法的设计功用和应用实践同样证明了"分类—定位"假设的可能性。该分类法的研制初衷同样是由于对欧洲高等教育区和研究区已有的机构多样性的认识，多样性既是对现实机构图景的描述，也是整个系统的优势和潜力所在。同多维的卡内基分类法类似，欧洲分类法对于高等教育的所有利益相关者都具有使用价值。

对于个体机构而言，将现实机构使命和特征的多样性信息揭示出来，有助于促成欧洲社会的高等教育机构和研究部门的问责机制。高等教育机构的领导可借此更好地把握其所在机构的特征和实力，这种方式对于更多的主体都具有可传播性和透明性。反过来，这样将有助于机构吸引那些与其办学能力相称的学生，寻找合作研究者和研究项目合约方，有利于其从事创新活动和标杆管理。③

U - map 的用户院校确实会非常直观地以自己为轴心检索到合适的

---

① 张玉岩、隋春侠:《美国 2005 版卡内基高校社会服务选择性分类体系的内容与特点分析》,《比较教育研究》2008 年第 2 期。

② Amy Driscoll, "Carnegie's New Community Engagement Classification: Affirming Higher Education's Role in Community", *New Directions For Higher Education*, Vol. fall, No. 5, 2009.

③ Frans van Vught, et al., *The European Classification of Higher Education Institutions*, Enschede: CHEPS, 2010, p. 59.

发展标杆，挪威科技大学就是一个很好的例子。该校是挪威最好的理工科院校之一，在 2009 年世界大学学术排名中排在与中国北京大学相近的 200—300 名这一档。它已经利用 U－map 的分类指标体系来分析自身的优劣势，认为这种透明工具对于学校战略目标的形成、重点发展领域的确定、发展标杆的设定等方面都有积极意义。[①] 目前，随着欧洲高等教育分类项目进入分类体系的应用阶段，越来越多的机构参与到分类法的修改和完善之中，U－map 在帮助个体高校明晰其战略目标和寻找潜在竞争对手等方面的作用会得到充分彰显。

在高等教育实践层面，"分类—定位"在一些区域也如中国一样被当成政府实施高等教育管理、促成结构优化调整的可能选项。20 世纪 60 年代的加州高等教育系统总体规划所确立的规划式分类体系及其相关政策被区域高等教育制度者所广为效仿，加拿大安大略省就是一个典型。近来，安省面临的一些高等教育结构方面的主要政策问题可分为四个部分：一是与安省公立大学有关的结构问题。它特别针对卡内基和麦肯林分类中的院校类型混合问题；二是与社区学院在学士授予和提供学位课程方面的角色有关；三是异类的机构（如远程和开放大学、公司和私有院校）的角色问题；四是为安省高等教育的合适结构的决定机制问题。[②] 正是在这样的背景下，在 2004 年由该省培训暨高等教育部所发布的《高等教育评估》中，该省政府要求前任省长在顾问小组的协助下评估安省的高等教育系统结构和资助模式，《高等教育评估》特别强调的两个内容是："形成一个更富协同性的、协作性的和多样化的系统，形成一种与新设计的系统配套的更具可持续性的高等教育投资体制。"[③]

---

① Singsaas T., *Classification and ranking of universities: The Norwegian University of Science and Technology (NTNU) as an example* (http://www. nordichepromotion. dk/upload/nordichepromotion/classification%20and%20ranking%20of%20universities. pdf).

② Michael L. Skolnik, "A Discussion of Some Issues Pertaining to the Structure of Postsecondary Education in Ontario and Some Suggestions for Addressing Them", *College Quarterly*, Vol. 8, No. 1, 2005.

③ Ibid. .

三　应对系统结构优化的中国高等学校分类研究

国外经验显示,"分类—定位"假设的实现对于高等教育结构的优化调整具有积极意义。但是,在分类、定位、结构优化这三者之间仍存在着诸多不确定性因素,"公认的"分类体系固然会对个体机构定位产生一定的影响,但这种影响既可能是使其定位于层次拔高或办学趋同,从而重新异化为一种群体性的"非理性"行为,也可能与此相反。

（一）理性看待分类对高等教育结构优化的促进作用

高等学校分层本身也是一种分类,两者的根本区别并不是通过对机构类型归属的向度选择表现出来,而是由其价值取向决定。或者说,两者的主要区别在于:后者较前者多出了一种明显的价值判断,即对高等学校地位高低、表现优劣、质量好坏等方面的比较评价。尽管分类者常常尽力排除主观价值倾向的干扰,但事实和分类结果却不尽如此。如按机构职能的分类法,科研、教学和社会服务本应是三个平行的向度,但分类者和分类法的使用者几乎都知道孰轻孰重。

同时,分类往往成为排名的前奏。卡内基分类体系因被肆意地用于美国大学排名,或者因其本身就被当作一种分层体系,从而在美国引起了广泛的非议。这部分地促成了 2005 年版的多维分类体系的诞生。① 即便如此,该分类法中的基础分类仍为排名者广泛使用;尽管只是研制一个"描述性的工具",但卡内基基金会的工作人员却要花很多时间解答来自各大院校主要学术或研究负责人的询问,主要集中于"如何'提升'他们大学所处的类别,如何调整学校的课程、专业设置、研究经费专案或学位授予数目等方面,从而使学校能被划入'更好'的大学类别"②。

正如欧洲学生联合会所强烈批评的那样:（1）分类会为高等教育机构预先设定一些特征,这抑制了其灵活性和多样性,限制其使命和理

---

① 李政云、徐延宇:《2005 年卡内基高等教育机构分类框架解读》,《比较教育研究》2006 年第 9 期。

② 赵春梅:《把酒话分类》,（http：//epaper.heeact.edu.tw/archive/2008/11/01/773.aspx&sa=U&ei = B6SxTYyG H5C8vQOjhLmABw&ved = 0CBQQFjAC&usg = AFQjCNHREk1Iaeg3OGwAqgbt–BC3JzUH5A）。

想，从而增加其一致性而不是透明度和公平性；（2）分类虽并不直接地导致排名，但却是研制排名的基础。而排名是一种高等教育市场化的表现，所提供的是高等教育名望信息而不是其真实使命，这是对博洛尼亚进程的本质和精髓的挑衅。[1]

（二）分类研究应更多地关注分类方法本身

国外成熟的机构分类法的研制方法相对严格。如在数据来源方面，卡内基分类法主要以官方数据为主，U－map 则基本上由被分类对象反馈得到；作为规划式分类典范的加州高等教育总体规划所确立的"分类法"中对各类机构职能的限定，也是以未来该州高等教育供求关系预测分析为基础。如从"欧洲高等教育机构分类"项目的实施过程来看，项目组遵循的基本上是一条行动研究的路径，根据分类目的，大量的研究时间和精力被用于与利益相关群体的讨论、质询活动中，个案研究法、访谈法、问卷调查法等贯穿项目研究始终。分类方法的运用同时涉及指标体系设计问题，这是因为"弄清分类的基础特性（标准）是分类取得成功的关键"。[2] 适切的分类方法的运用、合理的指标体系设计正是这些高等学校分类法取得成功的主要原因。

而在中国，一些论者忙于构建、提出或归纳一种分类体系，而"来不及"使用分类方法，疏于设计系统的、实事求是的分类维度和指标体系，以至于造成分类"纸上谈兵"，"研究成果与中国高等教育的管理实践基本脱节"。[3] 而分类结果正是运用一定的分类方法和指标体系归类得到的，核心是如何得到这种分类法。

（三）多元主体的民主参与是实现"分类—定位"假设下高等教育结构优化的重要途径

"分类—定位"假设下系统结构优化有赖于政府、市场和高校的共同努力。如加州高等教育总体规划是州政府、各级各类高校等各方反复

---

① ESU, *Statement on the development of rankings and classification in the EHEA*（http://www.esib.org/documents/statements/ESU% 20rankings% 20statement.pdf）.

② Bailey D. Kenneth, *Typologies and taxonomies: an introduction to classification techniques*, Thousand Oaks: Sage Publications, 1994, p. 2.

③ 潘金林：《高校分类：高等教育多样性发展的重要导向》，《教育发展研究》2010 年第 1 期。

多重博弈后的结果；而"自2005年开始，与利益相关者的质询和讨论活动已成为'欧洲高等教育机构分类'项目的标志"①。

多元主体的民主参与至少有两大优势：（1）有助于增加分类法的合法性。分类者积极扩大相关利益者群体队伍，注意吸收他们的意见和建议，将向外界展现一种更加民主和包容的态度，这会令分类法的群众基础更加坚实。（2）有利于提高分类体系的科学性。分类是一项系统活动，仅靠分类专家的"闭门造车"是无济于事的，必须深入到分类者之中，了解分类法的使用意图和需求。因此，借鉴国外成熟分类法的研制经验，组建一支多元主体参与的分类专家组，形成一种民主协商、实事求是的研究氛围，是中国高等学校分类体系构建的制度基础，也是分类体系真正能被付诸实施、发挥其应有效用的中介桥梁。

实际上，在"分类—定位"假设的规划式分类路径之外，市场力量触动的自由竞争秩序也是实现结构优化的另一种选项。院校间的自由竞争在导致系统同一化的同时，也会由于不同院校在竞争时，"为了在市场上获得优势所运用的'边际差别'的结果不同"，也会产生多样化。②随着中国高等教育市场力量逐渐壮大、高等教育体制进一步完善，强化市场力量在促进系统结构优化中的作用意义同样重大。

第二节 "分类—定位"假设下的高等学校分类方法

中国高等学校分类研究源于对机构定位失当的担忧，它将后者的根源归为公认的机构类型体系的缺失。如此，"分类—定位"便构成了一个复合词。已有研究对这种假设提出了质疑，许多研究在解析机构定位失当则将其归为不当的资源配置政策、过度的政府干预等其他因素，而不是分类体系的缺位。这引发了笔者对"分类—定位"假设及本书所

---

① CHEPS, *Classifying European Institutions For Higher Education* (*Stage II*) (http://www.utwente.nl/cheps/research/current_projects/Classifying%20European%20Institutions%20for%20higher%20education.doc/).

② 伯顿·克拉克：《高等教育新论——多学科的研究》，王承绪等译，浙江教育出版社2002年版，第145页。

构建方法的进一步反思。

一 "分类—定位"假设下"理想分类法"的适用性

(一)"分类—定位"假设与高等教育结构研究

什么是"分类—定位"假设？许多分类者都视高等学校分类体系为个体机构理性定位的前提，通过分类引导定位，进而实现整个高等教育系统结构的优化调整。正如潘懋元教授所言："因为任何一所高校制订可持续发展的战略，必须明确自己的发展方向；发展方向的确定要根据外部环境与自身特点做出准确的定位；而定位的前提是分类。从而构成了这样的链条：分类→定位→发展方向→发展战略→可持续发展。"①

如果一定要将分类与定位捆绑起来，那么应首先反思高等学校定位的目的和定位不科学的根源。从机构的立场来看，战略规划和定位活动是个体主动应对外部竞争压力的产物，定位与其说是个体的发展目标的愿景，倒不如说是对未来资源获取和利用能力的一种预期。定位的参照系并不是特定的分类体系本身，而是依附于这些类型结构的资源分配机制。而中国传统的高等教育资源分配方式是不平等的，而正是这种"指令性、行政性计划的资源配置模式"才造成了中国高校的严重趋同，"转变政府资源配置的行政性方式，既是提高资源使用效益的要求，也是解决院校分层分类问题的关键。"②

"分类—定位"假设也面临研究方法论上的质疑。经典分类学和广义分类学的研究范式都说明分类多是对现有事物的归类，分类总是静态的、相对的、描述性的，所谓高等学校分类研究，得到的总是描述式的、静态的写实体系，国外有代表性的高等学校分类法无不如此。这样的体系或许是"科学的"和"公认的"，但更多的时候却与此相反。高等教育具有更明显的"时滞性"，唯有不断调整结构和功能，才能跟上社会需求多样化的步伐，进而可能实现"以社会需求为导向"的改革。换言之，现实的高等学校分类体系总是"不科学的"，这样的分类体系

---

① 潘懋元：《分类与定位：高校可持续发展的关键》，《光明日报》2004 年 4 月 15 日。
② 史秋衡、冯典：《转变政府调控方式 优化高校分层分类》，《高等教育研究》2005 年版第 12 期。

究竟能在多大范围和程度上具有预测功能,成为指导未来机构类型结构优化调整的依据?答案显而易见、不言自明。这些说明,此"分类"非彼"分类",中国高等学校分类属于高等教育结构研究的领域。

（二）高等教育结构研究的方法

一般而言,高等教育结构研究是指对高等教育系统内各组成部分之间的联系方式和比例关系的研究,结构主义是这种研究的基本理论和方法论。这里的结构并不是静止的、封闭的,而是动态的、开放的,正如"割下来的手不再是手"一样,结构与功能是一对孪生子,这样的分析视角"不仅研究社会系统生存所必须满足的功能或'需要',而且也研究满足这些功能或'需要'所必须具备的相应社会结构"①。结构主义者追求的是那种"深层结构",即"决定历史、社会与文化中诸具体事件与行为的基本规则整体"②。他们以语言学中的结构分析方法为方法论之基,通过这种结构研究,达到对客观世界中深层规律的认知。

高等教育结构研究应遵循特定的方法。有论者认为在教育研究中运用结构主义的方法论存在着一定的缺陷,如对普遍、统一的"结构"的过度追求,过分强调"共时分析"从而否定了历史与时间维度等。③胡建华则认为,"建立在辩证唯物主义和历史唯物主义方法论基础之上的比较分析、共时—历时分析和多因素综合分析,是科学分析并全面把握教育结构的三种有效方法。"④ 在具体研究方面,定性研究方法主要有历史学方法、比较研究方法、社会学方法、经济学方法、生态学方法等;定量研究方法则包括调查研究方法、基于统计学的量化方法、系统技术与方法等。⑤ 当前,高等教育结构的研究大多沿着历史分析或战略分析的思路或是两条思路交织起来进行。⑥ 由此可见,针对高等教育结

---

① 〔美〕鲁思·华莱士、艾莉森·沃尔夫:《当代社会学理论（第六版）》,刘少杰等译,中国人民大学出版社2008年版,第14—15页。

② 李幼蒸:《结构与意义——人文科学跨学科认识论研究》,中国社会科学出版社1996年版,第150页。

③ 李克建:《结构主义与教育研究:方法论的视角》,《全球教育展望》2007年第9期。

④ 胡建华:《高等教育新论》,江苏教育出版社1995年版,第268页。

⑤ 孙阳春、梅海玲、欧阳润清:《高等教育结构研究方法综述》,《宁波大学学报（教育科学版）》2010年第1期。

⑥ 谢维和、文雯、李乐夫:《中国高等教育大众化进程中的结构分析——1998—2004年的实证研究》,教育科学出版社2007年版,第23—24页。

构的复杂性和多层次性，研究方法的选择更应突出动态性、系统性的特征，包括共时—历时的动态分析、比较分析、结构—功能分析、因素分析等相关方法和技术是其中重要的方法谱系。

（三）"理想分类法"的适用性

以上对定位、分类的单项讨论说明"分类—定位"框架似乎是矛盾的：高等学校定位失范的根源并不在于我们是否建立了科学的分类体系，而是取决于现有高等教育资源分配方式的调适与变革；而学理上的高等学校分类研究总应是对现实机构类型的描述，这样的分类法自然无法成为"科学的""合理的"，借以实现系统结构优化的个体定位标杆。造成这种实践与学理分野的原因在于对高等学校分类问题的性质界定不明，"分类—定位"框架中"分类"体系不是具有写实性的"学者模式的描述式分类体系"，而是先验的、面向未来的、建立在对现实类型体系的修正后的应然高等学校类型体系，其本质是一种"官方模式的规划式分类体系"。

依据"分类—定位"假设下的高等学校分类属于高等教育宏观结构研究的范畴，关注机构层次类型的动态分化和调整的相关政策，是为未来高等教育层次结构的政策研究。而一般意义上的高等学校分类研究，无论是描述式的、规划式的还是层级式的，大多关注过去、现实或未来某时间截面的机构类型特征。正是在这个意义上，笔者所提出的"理想分类法"将中国高等分类定位为高等教育政策研究，该分类方法综合运用比较研究、预测分析、历史研究等一般研究方法，通过建立高等学校理想类型工具，描述和分析中国现实高等学校体系，并依照中长期高等教育结构调整的要求建立"应然的"高等学校发展类型，将学者模式和官方模式的高等学校分类有机结合起来，对规划式分类体系的形成机制进行了立体的、共时—历时的动态分析，这符合高等教育研究的特征和方法论要求，是融合分类研究和分类管理实践的一种初步尝试。

二 "理想分类法"的方法论特征

按照关于研究方法的三层次说，本书所指方法论是位于第一层次的研究方法，它是指导高等学校分类研究的思想方法或哲学，包括分类研究的基本假设、逻辑、规则、程序等。

（一）三种高等学校类型体系的方法

"理想分类法"分别从理想、现实和发展三个向度归纳了高等学校的类型体系，构建这三种分类法的研究方法和研究范式各不相同，以下分别从方法论、研究方法、研究技术、研究类型、作用、研究范式等方面解释它们的方法特征。

表 7 - 1　　　　　　　　　**三种高等学校分类体系的方法**

分类法	方法论	研究方法	研究技术	研究类型	作用	研究范式
理想类型	"本然"	理想类型法	界定研究范围分离、抽象、比较	学者模式的描述式分类（定性）	探索理念中的高等学校，形成概念工具	类型学
现实类型	"实然"	实证研究法	定性研究或定量研究（因子分析，聚类分析）	学者模式的描述式分类（定性或定量）	认识高等学校类型体系，分析和诊断	分类学
发展类型	"应然"	比较研究预测分析	SWOT战略分析因素分析等	官方模式的规划式分类（高等学校设置）	调整高等教育结构	类型学

1. 高等学校理想类型的方法。高等学校理想类型是一种"本然"体系，所谓"本然"即是指本质的、真实的世界，它是消除了世界表面特征的存在体。正如自然科学的力学定理、公理一样，"本然"是极端化的现实世界，现实世界不可能与"本然"等同，只不过是"本然"的镜像反映。理想类型法就是达至这种"本然"高等学校类型体系的"实验工具"，我们通过将高等学校最本质的特征"分离"出来，借此"抽象"形成高等学校的理想类型，这对我们认识"什么是大学"具有重要意义，也可用以分析高等学校现实体系的概念体系。因而，从研究范式上看，这种分类法遵循的是类型学的研究路径。

2. 高等学校现实类型的方法。高等学校的现实类型是一种"实然"体系，是对高等教育结构深描后产物。达到这种类型体系的方法是经验（实证）研究法，我们既可以通过田野研究、访谈法等方法对机构类型作定性描述，也可用量化研究技术，如用统计描述对被分类机构进行多维分类，如利用因子分析、聚类分析等技术对被分类机构进行综合分类，得到综合的类型体系。后者往往构成了一类经典的经验研究。这种分类法也属于学者模式的描述式分类研究，但它往往以定量研究为主，其分类用途在于认识高等学校类型体系的现状，以便能借用理想类型工具分析和诊断高等教育结构存在的问题，是分类学研究范式的典型代表。

3. 高等学校发展类型的方法。高等学校的发展类型是一种"应然"体系，是对未来高等教育结构调整的目标预期。为形成这种体系，我们应对高等教育面对的内外部环境、挑战进行分析，可选择其他高等教育系统作比较研究，也可通过 SWOT 分析、因素分析等方法对未来高等教育内外环境作预测分析，以确定高等教育结构调整的方向。这种分类研究本质上属于高等教育政策研究的范畴，是官方模式的规划式分类的典型，它以政策法规的形式将高等学校发展类型制度化、规范化，这与高等学校设置中的设置基准比较类似。高等学校发展类型重在提出高等教育结构体系的类型概念，它是高等教育资源配置、认证、评估等相关管理活动的基础平台，因而其研究遵循类型学范式。

（二）"理想分类法"的方法论（混合范式）

第二章关于分类研究理论和方法论的归纳分析已表明，成功的高等学校分类法总是根据不同的研究情境选用不同的研究范式，坚持"第三条"道路即混合范式才是分类研究取得突破的可能方法论。

根据"本然"和"实然"来规划"应然"是这种分类研究框架的基本逻辑。如图 7 - 1 所示，研制相对适切的先验性的高等学校发展类型，前提是了解高等学校类型体系的现实、分析其中所存在的问题。这是因为制度变迁总应是渐进的，当环境的不确定性增加时，社会越是趋向于从历史经验中寻求问题解决的方案，高等学校发展类型只能是以现实类型为基础的制度改良。另一个条件是对高等学校理想类型的把握。因理想类型揭示了高等学校的本质特征，现实和未来高等学校类型体系都只是它的影射。同时，对高等学校类型体系的深描是一个必要的程序，然而实证研究所揭示的是一个不带价值判断的高等学校类型体系，借用理想类型，我们可以分析和诊断高等学校现实类型体系中存在的问题。

这里需要指出的是，理想类型有别于"实然"体系和"应然"体系，高等学校的理想类型也是一种描述体系，是对理念中的机构类型的写实描述。如同我们不能区分实物本身和镜像哪个更美或更丑一样，不能完全用理想类型去对现实类型作出价值判断。"本然"体系与"实然"体系是总体和个别的关系、普遍性和特殊性的关系。

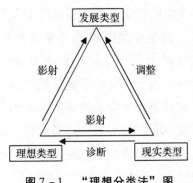

图 7 - 1　"理想分类法"图

三　三种高等学校类型体系的结构特征

以上对"理想分类法"方法论的解析，使我们明晰了中国高等学校分类研究的对象和方法，根据第二章总结归纳的混合范式的分类研究路径，还应对三种分类结果作出比照分析，以便深化中国高等学校分类特性的认识，并揭示三种形态的高等教育系统深层的结构特征及走向。

理念中的高等学校的特征主要体现在教育和知识维度。教育维度强调对学生能力的培养还是心智的塑造，表现出自由教育和专业教育两种不同的教育观，依此可得到精英型和大众型两类高等学校；知识维度强调以高深知识为组织内核的高等教育机构的知识观，即将知识视为达至其他目的的手段、强调知识的有用性，抑或是为知识而知识，因而对应的知识维度下的高等学校即是学术型和应用型两类高等教育机构。通过这两个基本维度，我们可以构造一个高等学校结构象限，将各个层面和各种存在形态的高等学校类型体系置于其中（如图 7 - 2 所示）。

（一）高等学校理想类型体系：稳定的"正三角金字塔"

高等学校的本质特征通过大学理想的流变得以呈现。中世纪诞生开始，大学作为高等学校的范型已经经历了古典大学、现代大学、近代大学和"后现代大学"四种形态，典型大学观反映出高等教育机构所应具有的两个特征维度，两个维度的组合将高等学校划分为四种理想类型：即学术精英型、应用精英型、学术大众型和应用大众型，它们分别从以上两个维度描述了同一种高等学校的特征，图中所示并不表明各类机构在整个高等学校系统中的地位高低，而只反映一种客观的结构关系。

理想类型是对高等学校现实类型体系的绝对化和抽象化，因而它也应是一种标准的"正三角金字塔"结构，精英型机构而不是学术型机构位于塔的上层，这反映出高等学校区别出专业的科研院所的显著特征，同时也是其他教育机构所不及的职能体现。四类机构承担着不同的职能，在整个系统中的数量比例应是均等的。如前所述，高等学校理念类型结构并不包含价值判断，也不指向高等教育发展的精英、大众或普及中的具体阶段，它只是我们借以认识现实机构类型的标尺。

（二）高等学校现实类型体系：不稳定的"斜三角金字塔"

依照高等学校理想类型结构，我们可以更好地认识中国高等学校的现实类型。中国高等学校的现实类型体现出高度的同一性，按常见的分类维度得到的机构类型都比较统一，这种同一性突出地表现在机构间的层级关系。从"985工程"大学、"211工程"大学、设有研究生院的大学、一般地方本科大学、一般地方学院再到高职高专院校，每个层级中实际上又包括不同的等级，这样构成了一个典型的"圈层结构"、层级繁杂的"斜三角金字塔"结构。

在这个系统中，"重学轻术"的教育观得到张扬，"政治论"是高等教育活动的主导哲学，按社会所需设置的应用型学科专业是知识系统的主体；知识的工具价值和教育对增进人的能力的功能同时得到强化，致力于促进人的心智发展的机构则较为偏向于以知识本身为目的，学术精英型机构与应用大众型机构因此占据了系统的主体。中国高等学校现实类型架构也是一个不稳定的结构，不仅各类机构的比例结构失衡，各类机构在教育和知识维度的价值也未得到充分体现。当然，高等学校现实类型体系的这种结构特征体现了经济社会发展的现状和需求，也与中国规划式的高等教育发展逻辑保持一致。

（三）高等学校发展类型体系：改良的"斜三角金字塔"

中国高等学校分类是要建立一套发展类型体系，对高等学校现实类型体系的描述所反映出的现有高等教育结构的问题是研制这种发展类型体系的基点所在，而高等学校的理想类型则为我们调整高等教育结构提供了规则和导向。发展类型是对现实类型体系结构的微调，既是克服现有体系的不足,突出高等教育本来的教育功能,也让各类机构在知识和教育维度的职能得到充分发挥,从而更好地反映理想类型的高等教育体系应有的特征和结构。发展类型的确立依据更要面向未来,是对未来高等教育内外部环境和需要预测分析后的结果。

中国中长期高等教育结构调整的促动因素主要来自两个方面,其一是外部的高等教育需求,即来自政府对提高高等教育效率和通过高等教育促进社会公平的要求,来自组织机构层面对高等教育所能提供的人才、科研和服务的要求,来自个人层面对接受更高质量高等教育的需求和实现个性化发展的需求等方面;其二是内部的高等教育需求,即源于高深知识自身演化逻辑的需要,知识和学科不断加速的分化重组的趋势。这些都要求高等学校能在知识和教育两个维度拓宽职能空间。

因此,淡化层次、突出类型的要求应成为建立中国高等学校发展类型的基点,我们基于现有高等学校设置基准所得到的"研究生院大学""大学""学院""高职高专"四种类型体系,即是对现实高等学校类型体系调整的结果,它们构成一种改良了的"斜三角金字塔"结构,它介于现实类型与理想类型之间,但机构间的等级关系被弱化,类型架构的稳定性得到加强,两个维度的职能将得到进一步体现。

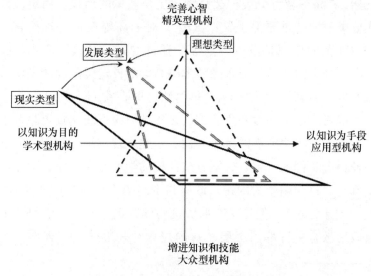

图 7 - 2　三种高等学校类型结构图

事实上，从"本然"体系到"实然"体系再到"应然"体系，高等学校的三种类型体系都只是在某个时空下存在。"本然"是一种理想规则，"实然"体系虽然不尽完善，但它总是高等教育现实的描述，有其存在的合理性，而"应然"体系只是对未来高等学校类型体系的预期。从现实来看，由于高等结构调整机制的复杂性，"各安其位"永远只是相对的、暂时的，高等学校类型层次和职能需要随着知识的分化和经济社会的发展而得到调整。同时，从个体机构的立场来看，只要政策允许机构的类型层次存在哪怕是微小的发展空间，个体的向上愿望与集体意志之间的满足与相互妥协便不可避免。换言之，基于"实然"体系和"本然"体系来设计"应然"体系总是高等学校分类研究中的一种常态，追求"科学的""公认的"或"合理的"高等学校分类体系的过程将是持续的、反复的。

第三节　促进高等学校分类发展的策略

如果科学的分类体系得以建立，个体机构就一定会准确理性定位吗？既然，"高等教育分类框架是制定定位政策的前提，而定位政策又是落实分类框架的重要保证"[1]，那么，对于高等教育管理而言，高等学校定位失范的原因是没有"前提"还是"定位政策"不当？我们对研制科学的分类体系能一劳永逸地解决高等学校定位问题的做法的前景并不太看好。当高等学校定位"非理性"时，我们不是没有一套高等学校分类框架。中央和教育主管部门每年都组织下属院校上报基层统计信息，内容涉及机构特征的各个方面；建立在现实统计数据基础之上的各类高校设置条例或规定、针对各层高校的学科专业目录，对于机构设置变更都有严格而明确的限定。政府指责高等学校定位"不理性"、要求它们"安于定位"，但是又有哪所机构的改名、升格、学科专业变更未经过政府教育主管部门层层红章的授权？一边是"非理性"的定位

---

① 潘懋元、陈厚丰：《高等教育分类的方法论问题》，《高等教育研究》2006 年第 3 期。

实践，一边却是将"科学的"分类体系束之高阁、对"求高大全"行为的"容忍态度"。这些都说明，高等教育系统结构优化远非一个分类体系就能解决。政府、高等学校和社会多方的共同参与促进高等学校分类发展，过去是、将来也是一个不断持续的过程。

一　政府层面

随着高等教育市场日益成熟壮大，政府促进高等学校分类发展关键是理顺各级政府的职能定位问题，应改变过去计划经济时代用行政、计划、指令干预等手段影响高校定位和发展的做法，更多地强调竞争机制和市场手段，通过资源导向、政策指导、评价等手段促进高等学校有序竞争，在竞争中形成特色和优势。

（一）中央政府：主要分工在于制定标准，营造良好的高等学校自主发展的氛围和环境，提供必要的高等教育供求信息

1. 强化对办学层次的统筹权。"罗马非一日之功"，高等教育系统的形成需要大量的时间和资源积累，无论高等学校类型如何变化，高等学校层次结构总应是相对稳定的。经济社会的发展令高等教育的社会需要日益多样化，但社会对高素质的创新型人才、重大基础研究成果、满足国家战略利益的高等教育服务的需要量相对较小，社会大量需要的是应用型和技能型人才、与经济社会生活联系紧密的应用研究成果和技术服务。因此，维持一个相对稳定的金字塔形或橄榄形的高等教育层次结构是非常必要的和现实的，中央政府应根据高等学校设置或规划体系，强化对高等学校的层次结构的统筹，严控各层类高等学校的升格和改名。

2. 加大对行业特色院校的支持力度。行业特色院校是指与特定行业有着紧密联系的院校，这些院校过去多由中央各业务部门管理，经管理体制改革后多被下放到地方管理。它们有着其他高校无可比拟的行业背景和特殊的学科结构，与现存的少数专门型、单科型院校一样，它们是扩招以来经高校合并、升格后得以保留下来的最具特色的机构群体之一。但是，这些院校经管理权下放后，与原来的合作行业和企业的关系有所淡化，与其他院校比较优势正在逐渐消失，学科和学校发展面向过窄的短板暴露无遗。未来中长期中国在加紧建设世界一流大学的同时，更应关注行业特色院校的发展，加大政策导向和资源投入力度，促使它

们保持原有行业和学科特色，满足行业企业的多样化需求。这将为其他院校的个性化发展和职能实现起到榜样作用。

3. 分类管理的范围和方式调整。在竞争无处不在的社会主义市场经济体系中，政府不是万能的，中央政府更应当充当裁判的角色，而不是事无巨细都揽于户下。在分类管理的范围上，中央政府的主要责任在于制定高校设置和分类标准，应根据经济社会需要和高等教育发展实际，及时更新和调整各级各类高校应达到的最低和最高设置标准，并为社会和高校发展提供必要的高等教育供求信息。转变分类管理方式，改变过去单纯依靠行政指令、规划设定、行政性"劝诫"等促使高校"安于其位"的做法，改变钦定式的资源投入和机构层级确定方式，充分引入市场机制，更多地通过定期的高校和学科专业分类评估、基于竞争的资源配置、信息指导等方式，为不同机构间的有序秩序创设公平的制度和政策环境。

4. 向地方政府放权。由于各级政府、行业企业等多方利益的交互作用，中央政府主导着高等教育结构体系的调整，中央政府、部属高校与地方政府、地方高校的关系仍比较复杂，省级政府对本省域高等教育统筹力度还不够大、自主性和权力仍有待进一步提高。因此，完善以省级政府为主的高等教育管理体制将成为未来促进高校类型化发展的核心问题。其中关键的环节便是中央政府主动向地方政府放权，中央政府在保持高等教育层级的相对稳定的前提下，以高等教育制度、法律法规和政策文本的形式，规范和理顺中央和地方政府在各自范围内的高等教育分工。省级政府应当获得或需进一步提高的高等教育结构调整权力和职能包括：学院和专科层次高校及其学科专业设置权力，促进本区域民办高校和独立学院合理布局和发展的义务和相关权力等。

（二）地方政府：建立省域高等教育分类服务体系，促进各层各类院校的交流与合作，增强高职高专院校、民办院校的多样性和适应性

1. 加强对省属高校的统筹，促进各类高校的交流与合作。省属高校与经济社会发展具有天然的共生关系，实现省域高等教育与经济社会相互促进、协调发展当然也是地方政府的主要职能之一。中国省域高等教育发展水平差异较大，东中西部高等学校层次、类型、布局结构有待进一步优化。其中虽有历史的原因，更主要的是省级政府对本省域高等教育的统筹力度不够，各层各类高校间还未形成服务于本地经济社会发

展的协作机制。为完善以省级政府为主的高等教育管理体制,必须根据区域经济社会发展和人民需求,科学制定省域经济社会和高等教育规划,建立省域高等教育供求信息公开机制,合理调整省属高校的层次、科类结构,建立省域高等教育资源共享平台,通过政策引导、资源导向和评估等手段促进省内各类高校的交流与合作。

2. 建立层次和类型有效衔接的省域高等教育系统。伯顿·克拉克认为,尽管存在"相互分离"或"相互联结"两种不同的系统构成方式,但"相互分离的部门在大多数系统中占主导地位,尤其是典型的区别'大学'部门和'非大学'部门。相互联结的部门则意味着学生可以从一个部门转到另一个部门学习,所完成的课程学分双方都承认"①。中国高等教育系统显然属于前者。机构间相对分离的高等教育系统管理便利,人才培养针对性更强,但却强化了个体高校在高等教育系统中各自为政的竞争秩序。应通过改革高考制度,积极倡导高校实行按专业大类招生,形成高等学校联盟制度等方式,打破省域高等学校的类型和层次壁垒,将不仅有助于高等教育资源优化配置,也更有助于增强个体机构的使命感和对整个系统的归属感,从而实现"自安其位"。

3. 向高职高专院校、民办院校放权。历史上来看,前者主要实施专科层次的职业教育,培养高素质技能型人才;而后者的职能与前者有些重合,但主要是作为公办高等教育系统的有效补充。未来中长期,两类机构所固有的办学形式灵活、职能多样的办学特色将得到进一步彰显,它们也将为中国高等教育大众化向后大众化的深入推进贡献更大的力量。按照国家和地方法律法规和相关政策,重新归还或进一步扩大这些机构在学科专业设置、招生考试、教学实施、教师聘用、学校财产和经费使用等方面应有的办学自主权,有助于在保持这些机构办学特色的前提下,更好地让其自主参与到高等教育市场和竞争之中,在竞争中满足区域高等教育的多样化要求。

二 社会层面

社会层面促进高等学校分类发展的基点主要在于真实地向政府和高

---

① [美]伯顿·克拉克:《高等教育系统——学术组织的跨国研究》,王承绪译,杭州大学出版社1994年版,第66页。

校反馈高等教育社会需求得到满足的情况，以第三方的姿态客观地评价高校的表现等。具体来说，主要包括以下三个方面。

（一）研制多样化的高等学校分类体系

不同的主体由于立场不同自然会得到各异的高等学校分类体系，官方模式的分类体系是为了优化高等教育系统的需要，这种模式主要采用规划式分类，通过高等学校设置政策直接干预个体机构的发展定位和办学实践；而学者模式的分类体系则以对高校现实表现的描述式分类为主，其目的在于更好地认识高校；而社会模式的分类则多见于层级式分类体系，这样的分类法带有明确的价值判断。

我们这里的社会是指除政府和高校以外的高等教育利益相关者。无论是否带有价值倾向，客观多元的分类体系对于社会认识都是必要的，"提出分类法的主要目的在于提供一系列指标，以使那些在高等教育中的不同行动者能评价相应层次教育和院校的表现和质量。"[1] 从高校的角度来看，单维度的分类法只能反映机构某方面的特征，只有综合这些维度才有望立体地描述机构的全貌："从外围看全国性的统计数据永远无法全面把握它们的特征和复杂性，但这种框架对于它们多面特征而言还是比较公正的方式。"[2] 而且，不同的分类法不仅能揭示出高校个体在现实高等教育体系中的位置，更能反映分类者的价值偏好。社会、高校、政府都需要这样的多维度的高校分类法。

（二）研制科学客观的高等学校排名和评估体系

社会层面对高等学校进行排名和评估，是社会表达其高等教育利益的正当权利和重要方式。基于社会多面的高等学校排名和评估体系，个体机构可以准确地把握自身办学活动中出现的各类问题，总结经验和教训，及时有效地调整未来办学定位，朝向适切的办学层次和类型目标迈进。当前，由于高等学校办学信息公开制度的缺失，高等教育与社会信

---

① I. C. Teixeira, J. P. Teixeira, M. Pile, and, et al., *Classification and Ranking of Higher Engineering Education Programmes and Institutions*: *the IST View* (http://gep.ist.utl.pt/files/artigos/Classification_ Ranking_ Higher_ Education. PDF）.

② Alexander C. McCormick, *A New Set of Lenses for Looking at Colleges and Universities* (http://www. carnegiefoundation. org/perspectives/new – set – lenses – looking – colleges – and – universities）.

息交流的渠道受阻，社会还很难做到科学、客观地评价高等学校。

除全球性的大学排名表，中国已有的高等学校排名和评估体系主要有武书连的"中国大学评价"、武汉大学中国科学评价研究中心的"中国大学竞争力排行榜"、网大"中国大学排行榜"、校友会的"中国大学排行榜"等。这些高等学校评价系统多注重机构的规模和资源占有指标，过于强调机构科学研究方面的表现，而对真正能体现机构表现的教学产出质量、社会服务质量、资源利用效率等方面的覆盖极为有限，这会对高等学校办学、高等教育管理和社会参与高等教育等活动造成一定程度的误导。同时，由于高等教育信息的不对称，高等学校排名和评估活动中的权钱交易、权学交易、学钱交易等寻租现象难以避免。随着中国高等教育信息开放化程度的提高，学界和社会中介组织、用人单位、行业企业应当联合起来，共同营造一种开放民主的高等教育排名和评价环境，从多个维度科学客观地评价高等学校的表现。

（三）主动参与高等教育事务，理性表达高等教育的社会需求

高等教育广泛而深入地参与社会事务已不可避免，但所应满足的社会需求总应是理性的。否则，高等教育的发展便是无序的，再多样化的高等学校类型都失去了其应有的意义。随着未来中国高等教育供给能力的增强，高等教育将逐渐由"卖方市场"向"买方市场"转变，社会的高等教育消费观念将会上涨，他们将更多地把自己当成高等教育的使用者和"用户"，而不是直接的利益相关者，他们也将更关注高等教育对于其自身的使用价值。

高等教育虽应以社会需求为导向，但并不意味着高等教育应成为社会的"风向标"——社会需求什么，高等学校就必须提供什么；而是指高等教育活动往往是基于自身价值和自主选择主动地确定所应满足的社会需求。社会理性地表达其需求，不仅符合自身利益，而且有助于不同高等教育机构合理分工，优化高等教育层次结构。非理性社会需求的存在说明社会对于高等教育活动还缺乏必需的了解，还未能视自己为高等教育真正的利益相关者。因此，在高等教育主动地面向社会办学的同时，社会应该树立正确的高等教育消费观，学生和家长、行业企业、高等教育研究者和高校校友应通过直接的资源支持、信息交流和项目合作

等方式广泛地关注各级各类高校的发展。

三　高校层面

高校自主发展与政府促其"安于定位"的做法存在一定的矛盾之处，从高校自身来看，由于对有限办学资源的竞争，量力而行地设定更高的办学目标、为学校勾画美好前景，都与其发展逻辑相适应。我们绝不能奢望通过政府对高校的支配关系实现高校的"各安其位"，高校的发展目标从来就不是"安于其位"。但是，由于高等教育社会需求多样性的存在，只要高校真正做到面向社会自主办学，在个体实现自身办学职能的同时，也就能形成富于个性化的办学特色，从而实现不同机构的分类发展。

（一）高度重视学校战略规划，树立科学的"定位观"

2002年，时任教育部副部长周济同志在武汉调研时提出高校要做好"三个规划"，这是官方最早关于高校定位的明确指示；2003年开始的本科教学评估也将办学定位、办学特色作为其中重要的一项评估指标。此后，明确办学定位成为高等教育发展的流行语。但是，由于战略规划经验的缺乏和办学自主意识淡薄，一些高校对战略规划不够重视，为定位而定位、定位盲目和迷失的现象并不少见。

客观来讲，学校战略规划是高校对自身未来办学目标的预期，制定办学定位是高校办学自主权的重要表征，而科学的"定位观"应具备以下特点：其一，基于高校的职能。人才培养、科学研究和社会服务是公认的高校的三大职能，类型和层次不同的高校，尽管在职能分工上存在着一定的差异，但只要办学定位是围绕这些职能的实现而制定的，其出发点应值得肯定，至少都不应被严重否定。其二，科学性和可行性。随着中国经济社会发展速度的加快，高等教育与社会的联系日益强化，高校规划的制定面临的不确定性因素随之增加。高校办学定位的确立也应采取科学的分析方法，综合考虑内外部资源获取和环境变化的情况下进行，发展目标的制定也应根据中长期发展规划，选择"跳一跳够得着的桃子"。其三，立足历史、面向未来。教育事业的发展具备长期性和效应滞后性的特点。办学目标的设定、学科的发展、办学特色的形成都需要基于高校过去的办学实践，在总结办学成败经验的同时生成。定位应具有指导性，作为高校章程的一部分而存在，而不是吸引外界眼球的口号。

（二）健全内部规划机构和制度，科学地确立办学定位

因应"三个规划"和本科评估工作的外部压力，加之高校间竞争的加剧，许多高校主动地设立了规划处、发展研究中心、高教所等专门的规划部门，根据外部环境的变化和自身发展需要，周期性地制定短期、中长期学校发展战略规划已成为中国高等教育发展的一种普遍现象。但是在战略规划的组织和制度建设的过程中的问题仍比较突出，如规划部门的专业性还不强，多数高校已设的这些机构往往是几块牌子一个班子，在多数情况下以院系、职能部门等"主流"身份出现，规划队伍建设严重滞后；自主制定战略规划的意识还有待提高，高校制定战略规划的驱动力更多的是来自外部，是响应国家、区域规划的行为。这些都使得高校办学定位的确立带有一定的随意性。

为提高办学定位的科学性和针对性，高校应在不断提高办学自主性的同时，健全内部规划组织机构，大力引进和培养有高等教育管理和研究经验的专门规划人员，吸引行业企业、学生和家长、校友、政府组织等外部利益相关者参与制定战略规划；在办学定位的确立过程中，高校应选择科学的规划工具和方法，广泛采用数据支撑、实地调研、比较分析、SWOT 分析等信度相对较高的方法进行研究，从标杆管理理论、后发优势理论、竞争策略理论、生态位理论、后现代理论等多个维度确立办学定位，并及时地向外部利益相关者反馈规划实施的进展情况，接受他们的检验和问责。

（三）多渠道筹措教育经费，主动面向社会办学

长期以来，高校办学经费主要来源于政府教育投入和学生的学杂费收入，而学杂费收取标准则由政府教育主管部门限定，政府因此在很大程度上决定了个体高校的办学资源总量。教育经费来源渠道的单一化窄化了高校办学面向，使得它们不得不时刻关注政府的需要和教育政策导向，一旦教育主管部门提出什么样的教育工程、项目，高校表面上都会一呼百应、争先上位，其背后显然暗含着对有限政府教育经费的激烈竞争，这也部分地造成了高校的趋同化发展，"之所以在中国出现大学分类的困境，关键在于大学的资源配置方式出了问题"[1]。

未来，随着高等教育财政拨款体制的完善和市场机制的引入，政府

---

[1]　邬大光：《大学分类的背后》，《中国教育报》2010 年 5 月 10 日。

钦定式的高等教育资源投入方式将有望逐渐弱化，院校对办学资源的竞争将更多地基于自身职能实现程度；同时，随着高等教育大众化的迅速推进和小康社会建设目标的逐步实现，高等教育"买方市场"将不断壮大，社会各界参与高等教育活动的能力和要求也会进一步提高。这些趋势对高校办学活动来说机遇与挑战同在，一方面，高校获取办学资源的渠道将日益多元化，办学条件有望得到极大的改善；另一方面，高校获取这些资源的竞争压力将有增无减，它们所提供的高等教育服务将时刻面临着各利益相关者的检验。明智的高校会主动地投入社会之中，通过强化与社会之间的智力和资源交换关系，实现两者的资源共享和共同发展，在竞争中形成自己的办学特色。

结　　语

本书将分类研究的重点转向于确立高等学校分类体系的方法，尝试构建并应用一种新的分类方法，即"理想分类法"。研究得出了一些有价值的结论，其中也存在一些不足和局限。

一　主要结论

1. 高等学校分类研究依分类目的不同可分为官方模式的规划式分类、学者模式的描述式分类和社会模式的层级式分类三种类型。

2. 高等学校分类研究主要有分类学和类型学两种基本范式，但基于两种范式的混合范式是分类研究的常用路径。混合范式在国内外典型分类体系中被广泛使用，它一般包括如下几个步骤：①确定分类目的或原因；②构建分类的理论基础；③提出高等学校概念（类型学）；④收集所有机构的数据；⑤选择分类维度和指标、运用适当的方法和技术分类（分类学）；⑥解释和验证概念体系。

3. 中国高等学校分类研究未取得突破的主要原因在于研究对象的泛化和研究方法的失位与失当。

4. 中国高等学校分类研究本质上是一种准高等学校设置研究，属于高等教育结构研究的范畴。

5. 高等学校存在相对稳定的理想类型。通过"教育"和"知识"两个维度，分别得到以"完善学生的心智"和"增进知识和技能"为目标的"精英型机构"和"大众型机构""以知识为目的"和"以知识为手段"为目标的"学术型机构"和"应用型机构"。

6. "分类—定位"只是实现高等教育结构优化调整的可能路径。在"分类"和"定位"之间，存在着诸多不确定性因素，两者的相关性不应被过度强调。由于高等教育固有的"时滞性",对"科学的""公认的"或"合理的"高等学校分类体系的探索将是一种常态。

二 创新点

1. 对中国高等学校分类研究本质的新认识。中国高等学校分类研究属于高等教育结构研究,其本质是一种准高等学校设置研究,研究价值服务于宏观系统结构优化调整的需要。

2. 对高等学校分类范式的新探索。高等学校分类研究有分类学和类型学两种范式,但基于两种范式的混合范式是分类研究的常用路径。

3. 提出中国高等学校分类研究的新方法。本书以分类方法为研究对象,综合考虑高等学校类型特征,依理想类型、实证分类、规划设置的"理想分类法"或可成为中国高等学校分类研究的一种方法。

4. 新的分类体系。基于对大学理想的语义流变的分析,依知识维度划分得到学术型与应用型机构、依教育维度划分得到精英型与大众型机构等理想类型;基于学科结构对湖北省本科院校的实证分析,得到研究密集型、研究集中型、本科密集型、本科集中型、专科密集型等现实类型;基于对现行高等学校设置基准的分析,得到"研究生院大学""大学""学院""高职高专"等4个层次若干类型的发展类型。

三 研究不足

1. 所提出的"理想分类法"的理论基础有待进一步明晰,其适用性仍需要进一步得到检验。高等教育结构调整是涉及多个主体多重博弈后的结果,为确立机构发展类型仍需对未来高等教育的供求关系作系统研究,这是本人所不能及的。

2. 由于数据可得性,实证研究的指标还显简化和主观化。实证研究是高等学校分类研究的典型路径,本书依这种分类学范式尝试选择有限样本进行量化研究,但同样遇到数据不可得等问题,这也影响了分类指标的科学性和客观性。

参考文献

一 中文部分

1. 阿什比：《科技发达时代的大学教育》，滕大春、滕大生译，人民教育出版社 1983 年版。

2. 阿特巴赫：《比较高等教育》，符娟明、陈树清译，文化教育出版社 1985 年版。

3. 爱弥尔·涂尔干、马塞尔·莫斯：《原始分类》，汲喆译，上海世纪出版集团 2005 年版。

4. 伯顿·克拉克：《高等教育系统——学术组织的跨国研究》，王承绪译，杭州大学出版社 1994 年版。

5. 伯顿·克拉克：《高等教育新论——多学科研究》，王承绪等译，浙江教育出版社 1988 年版。

6. 布鲁贝克：《高等教育哲学》，浙江教育出版社 2002 年版。

7. 陈洪捷：《德国古典大学观及其对中国大学的影响》，北京大学出版社 2002 年版。

8. 陈厚丰：《中国高等学校分类与定位问题研究》，湖南大学出版社 2004 年版。

9. 陈世骧：《进行论与分类学（第二版）》，科学出版社 1987 年版。

10. 胡建华：《现代中国大学制度的原点：50 年代初期的大学改革》，南京师范大学出版社 2001 年版。

11. 黄启兵：《中国高校设置变迁的制度分析》，福建教育出版社 2007 年版。

12. 纪宝成：《中国大学学科专业设置研究》，中国人民大学出版社 2006

年版。

13. 克拉克·克尔：《大学之用》，北京大学出版社 2008 年版。

14. 纽曼：《大学的理想》，徐辉、顾建新、何曙荣译，浙江教育出版社 2001 年版。

15. 马陆亭：《高等学校的分层与管理》，广东教育出版社 2004 年版。

16. 普朗克：《科学学基础》，科学出版社 1983 年版。

17. 沈红：《美国研究型大学形成与发展》，华中科技大学出版社 2004 年版。

18. 施国良：《网络信息分类——原理与应用》，科学出版社 2008 年版。

19. 天野郁夫：《高等教育的日本模式》，教育科学出版社 2006 年版。

20. 托马斯·库恩：《科学革命的结构》，李宝恒等译，上海科学技术出版社 1980 年版。

21. 托尼·比彻、保罗·特罗勒尔：《学术部落及其领地》，唐跃勤等译，北京大学出版社 2008 年版。

22. 谢维和、文雯、李乐夫：《中国高等教育大众化进程中的结构分析——1998—2004 年的实证研究》，教育科学出版社 2007 年版。

23. 阎光才：《识读大学——组织文化的视角》，教育科学出版社 2002 年版。

24. 伊曼纽尔·沃勒斯坦：《知识的不确定性》，王昺等译，山东大学出版社 2006 年版。

25. 俞君立、陈树年：《文献分类学》，武汉大学出版社 2001 年版。

26. 张永兴：《打开世界知识之门的钥匙　广义分类学研究及应用》，中国商业出版社 1995 年版。

27. 钟杨、李传、黄德世：《分支分类的理论与方法》，科学出版社 1994 年版。

28. M. П. 波克罗夫斯基：《关于分类学体系》，《国外社会科学》2007 年第 2 期。

29. 陈厚丰：《高等教育分类：势在必然还是多此一举——高等教育分类研究的背景和必要性探究》，《民办教育研究》2005 年第 6 期。

30. 陈厚丰：《高校定位：自生秩序与分类引导有机结合——兼与邓耀彩博士商榷》，《高等教育研究》2006 年第 6 期。

31. 邓耀彩：《高校定位：自生秩序还是管制》，《高等教育研究》2006年第 2 期。

32. 冯向东：《高等学校定位：竞争中的抉择》，《北京大学教育评论》2004 年第 2 期。

33. 何超：《高校定位与高等教育系统秩序的形成》，《高等教育研究》2007 年第 2 期。

34. 雷家彬：《分类学与类型学：国外高校分类研究的两种范式》，《清华大学教育研究》2011 年第 2 期。

35. 雷家彬：《国内高等学校分类研究述评》，《现代大学教育》2010 年第 5 期。

36. 林莉：《从学术到市场：高等教育机构分类的价值取向》，《清华大学教育研究》2004 年第 6 期。

37. 刘承波：《大学排行必先分类——〈2003 中国大学评价〉引发的思考》，《中国高等教育》2003 年第 13—14 期。

38. 刘少雪、刘念才：《中国普通高校的分类标准与分类管理》，《高等教育研究》2005 年第 7 期。

39. 刘献君：《建设教学服务型大学——兼论高等学校分类》，《教育研究》2007 年第 7 期。

40. 刘献君：《论高等学校定位》，《高等教育研究》2003 年第 1 期。

41. 刘向东、吕艳：《高等学校分类的实证研究——基于 75 所教育部直属高校和 19 所地方共建高校的分析》，《清华大学教育研究》2010 年第 4 期。

42. 马陆亭：《建设一流的高等学校体系》，《中国高教研究》2009 年第 9 期。

43. 马陆亭：《中国高等学校分类的结构设计》，《北京大学教育评论》2005 年第 2 期。

44. 马清远：《类型概念及建筑类型学》，《建筑师》1990 年第 12 期。

45. 潘懋元、陈厚丰：《高等教育分类的方法论问题》，《高等教育研究》2006 年第 3 期。

46. 潘懋元、董立平：《关于高等学校分类、定位、特色发展的探讨》，《教育研究》2009 年第 2 期。

47. 沈红等：《应对多样化社会需求的高等学校分层分类》，《高等教育研究》2010 年第 7 期。

48. 天野郁夫：《试论日本的大学分类》，《复旦教育论坛》2004 年第 5 期。

49. 邬大光：《大学分类的背后》，《中国教育报》2010 年 5 月 10 日。

50. 约翰·隆巴底：《大学需要什么样的分类系统》，《科学时报·大学周刊》2002 年 12 月 5 日。

51. 赵婷婷、汪乐乐：《高等学校为什么要分类以及怎样分类》，《北京大学教育评论》2008 年第 4 期。

52. 周远清：《大改革大发展大提高——中国高等教育 30 年的回顾与展望》，《中国高教研究》2008 年第 1 期。

二　英文部分

1. Adrian Miroiu, Liviu Andreescu, "Goals and Instruments of Diversification in Higher Education", *Quality Assurance Review*, Vol. 2, No. 2, 2010.

2. Alexander C. McCormick, "The Complex Interplay Between Classification and Ranking of Colleges and Universities: Should the Berlin Principles Apply Equally to Classification?", *Higher Education in Europe*, Vol. 33, No. 2-3, 2008.

3. Altbach, P. G., "Differentiation Requires Definition: The Need for Classification in Complex Academic Systems", *International Higher Education*, Vol. 26, No. winter, 2002.

4. Art Lysons and David Hatherly, "Cameron's dimensions of effectiveness in higher education in the U. K.: A cross-cultural comparison", *The International Journal of Higher Education and Educational Planning*, Vol. 23, No. 3, 1992.

5. Arthur Levine, "The Remaking of the American University", *Innovative Higher Education*, Vol. 25, No. 4, 2001.

6. Bailey D. Kenneth, *Typologies and taxonomies: an introduction to classification techniques*, Thousand Oaks: Sage Publications, 1994.

7. Braxton, J. M. , Smart, J. C. , and Thieke, W. S. Peer, "Groups Of Colleges and Universities Based on Student Outcomes", *Journal of College Student Development*, Vol. 32, No. 4, June 1991.

8. Daniel W. Lang, "Similarities and differences: Measuring diversity and selecting peers in higher education", *Higher Education*, Vol. 39, No. 1, 2000.

9. Domenica Fioredistella Iezzi, "A Method To Measure The Quality On Teaching Evaluation Of The University System: The Italian Case", *Social Indicators Research*, Vol. 73, No. 3, 2005.

10. James M. Kittelson, Pamela J. Transue, *Rebirth, reform, and resilience: universities in transition*, 1300 – 1700, Columbus, Ohio: The Ohio State University Press, 1984.

11. Jeffrey Paul Bartkovich, *An Empirically Derived Taxonomy of Organizational Structures in Higher Education*, Diss, Virginia: University of Virginia, 1983.

12. Clark Kerr, *The Great Transformation in Higher Education*, NY: State University of New York Press, 1991.

13. Kevin B. Smith, "Typologies, Taxonomies, and the Benefits of Policy Classification", *Policy Studies Journal*, Vol. 30, No. 3, 2002.

14. Martin Trow, "Reflections on the Transition from Elite to Mass to Universal Access: Forms and Phases of Higher Education in Modern Societies since WWII", *International Handbook of Higher Education*, Dordrecht, Netherlands: Springer, 2007.

15. Melody Y. Kiang, "A Comparative Assessment of Classification Methods", *Decision Support Systems*, No. 35, 2003.

16. Michael L. Skolnik, "A Discussion of Some Issues Pertaining to the Structure of Postsecondary Education in Ontario and Some Suggestions for Addressing Them", *College Quarterly*, Vol. 8, No. 1, 2005.

17. KerryAnn O'Meara, "Striving for what? Exploring the pursuit of prestige", *Higher Education: Handbook of Theory and Research*, No. ⅩⅩⅡ, 2007.

18. OECD, *The Knowledge Based Economy*, Paris: Head of Publications

Service, 1996.

19. Ole – Jacob Skodvin, "How to Measure Institutional Profiles in the Nor-wegian HE Landscape", *European Higher Education at the Crossroads: Between the Bologna Process and National Reforms*, Dordrecht: Springer Science + Business Media, 2012.

20. Philip Rich, "The organizational taxonomy: definition and design", *Academy of Management Review*, Vol. 17, No. 4, 1992.

21. Qiang Zha, *Diversification or Homogenization: How Chinese Governments Shape the Higher Education System*, Diss, Ontario: University of Toronto, 2006.

22. Ross B. , "The use of Categories Affects Classification", *Journal of Memory and Language*, Vol. 37, No. 2, 1997.

23. The Carnegie Commission on Higher Education, *A Classification of Institutions of Higher Education*, New York: McGraw Hill, 1973.

后　记

又一个晚春，武汉如常提前步入初夏。四年前，我通过博士学位论文答辩，随后进入武汉工程大学工作。这几年一直在不断思考和收集最新材料，以期将博士论文修改后作为专著出版。其间继续高等学校分类研究，并获得教育部课题资助。在此奉献给读者的《高等学校分类方法导论》一书，正是在我的博士论文的基础上修改而成的，同时是我主持的 2012 年度教育部人文社会科学研究青年基金项目"高等学校分类的方法论问题研究"（12YJC880037）的最终成果，本书的成稿应该可以代表我之前研究的一个标志性节点。

高等学校分类是当前高等教育中一个相当重要而又存在较大分歧的热点话题。我从 2009 年起开始接触这项研究领域，从纯理论学术研究到高校工作的经历，日益加深了对其中所涉问题广泛性、整体性的认识，这一领域与高等教育中的许多问题相关，与政府、社会、院校自身等众多群体的利益相关，对没有高等教育系统管理经验的我来说，仍是一项重大的智力挑战。博士论文完成已有四年多的时间，高等教育系统结构已经发生一定的转变，内涵式发展得到系统和组织层面的认同，院校间对生存空间和资源的竞争日益激烈，院校层次化、类型化发展导致的组织趋同与多样化趋势共存。根据这些变化，我适时更新分类数据，充实湖北省高等教育系统的分类研究、进一步完善所构建的"理想分类法"的理论体系分类方法。

在本书付梓之际，我要对所有支持过我的人表示感谢。感谢沈红教授对我的精心栽培。毕业四年里，沈老师一如既往地关心着我，教我为师、为人、为学，扶持我在学术之道上不断前进。论文答辩后，她便提醒我要认真修改，尽快出版，每次见面都会关注出版一事，而每次自己以事务性工作太多、教学科研任务重、新入职不适应等理由搪塞后又深感自责，这触动我一点点地加紧修改直至完成本书。在此，衷心地对沈老师说声谢谢，尽管这两个字并不能完全表达对老师的谢意。

感谢武汉工程大学的同事朋友们。感谢学校研究生处、科技处对本书出版的大力支持，本书获得了"武汉工程大学优秀学术著作出版资助项目"资助，部分章节得到武汉工程大学科学研究基金项目"基于'大工程观'的省属工科院校人才培养模式创新研究"［项目编号（16122301）］资助。在本书的写作过程中，得到学校教务处、法商学院、高等教育研究所领导和同事们对我工作、学习、生活等多方面的关心和支持，在此一并表示感谢。

本书写作过程中参考了诸多专家、同行的研究成果，这些研究开阔了我的视野、丰富了我的研究，故对各位专家同行表示感谢。

当然，也要感谢我的家人。感谢父母和岳父岳母对我工作和研究的支持理解，感谢爱人叶道艳和女儿雷佩灵与我共筑的美好家庭，家人给予我太多的关爱，给我克服各种困难和障碍的精神支柱。

本书以"高等学校分类方法导论"为题，源于笔者对当前分类研究过于注重提出分类结果而忽视分类方法这一倾向的反思，初衷是提出构建一种分类研究方法论。由于笔者实践经验的缺乏，理论研究功底有限，这种分类法难免存在一些不足，理论体系还不够完善，故此仅仅是"分类方法导论"，未来仍有许多研究工作要做，如有不当之处，敬请各位同行、读者不吝赐教。

雷家彬于武汉

2015 年 5 月 1 日